无处安放的鄉愁

无处安放的乡愁

龚恒超 著

河南大学出版社
HENAN UNIVERSITY PRESS

图书在版编目(CIP)数据

无处安放的乡愁/龚恒超著. —郑州:
河南大学出版社,2015.2
ISBN 978-7-5649-1916-0

Ⅰ.①无… Ⅱ.①龚… Ⅲ.①信阳新县-概况 Ⅳ.
①K926.14

中国版本图书馆 CIP 数据核字(2015)第 043739 号

出 版 人	张云鹏
出版统筹	侯若愚
责任编辑	甘慧君
责任校对	韩 琳
封面设计	侯一言

出 版	河南大学出版社
地 址	郑州市郑东新区商务外环中华大厦 2409 室
电 话	0371-60993151(人文社科出版分社)
	0371-86059753
网 址	www.hupress.com
排 版	河南金河印务有限公司
印 刷	河南省瑞光印务股份有限公司
版 次	2015 年 3 月第 1 版
印 次	2015 年 3 月第 1 次印刷
开 本	889mm×1194mm 1/32
印 张	9.5
字 数	189 千字
定 价	36.00 元

本书如有印装质量问题,请与河南大学出版社营销部联系调换。

目 录

序言 关键是要安顿心灵 …………… 1
引子 家乡在江淮之间 …………… 1

故乡
农村嫁娶 …………… 11
宴席礼节 …………… 14
礼尚往来 …………… 17
农闲生活 …………… 19
民间艺术 …………… 22
建筑风格 …………… 27
饮食文化 …………… 30
节日庆典 …………… 34

手工匠人 …………………………… 38
张贴对联 …………………………… 48
春节记忆 …………………………… 51

故事
外祖母的村庄 ……………………… 59
外祖母的后代所受的教育 ………… 66
他们的谋生方式 …………………… 71
留守的孩子们 ……………………… 76
我的村庄我的家 …………………… 83
村庄的土地 ………………………… 87
村庄的婚姻变迁 …………………… 93
农村市场今昔 ……………………… 102
农村的"迷信"活动 ………………… 109
关于农村"三乱"的记忆 …………… 116

村庄里有红军的传说 …… 123
村庄内的恩怨是非 …… 128
重修族谱记事 …… 135
乡村的中学与小学 …… 143
父母曾是计划生育的拥护者 …… 156
理想,就是离乡 …… 164
何处是归途? …… 172

故人

父辈仨 …… 179
少年伙伴今相见 …… 188
在佛山打工的老乡们 …… 193
我的亲戚有赤脚医生 …… 200
千里寻女记 …… 210
一个老人最后的冬天 …… 215
农二代找工作记 …… 220

一个老村支书的口述 …… 231
老钱的创业史 …… 238
正常的生活就是幸福的生活 …… 244
春节回家的路 …… 248
出生证明 …… 253
故乡是埋骨之所 …… 258
我的父亲 …… 261
心态平和才是战胜疾病的良药 …… 265
母亲的心安 …… 268
父亲的往事 …… 271
买票记 …… 274
父母已成为老树 …… 277
一个农村母亲的世界 …… 281

这不是精英史（代后记） …… 289

序言

关键是要安顿心灵

陆幸福

作者龚恒超是我的挚友,我们在西南政法大学同窗三年。那时,我们对门而居,饭后睡前必定相互串门,无所不聊。他因其憨厚豁达、重情重义的性格而为同学们所喜欢,他的寝室几乎成为我们班级的俱乐部。毕业之后,他到广东佛山市当了一名默默无闻的小公务员。

在那个有着千年古镇之称的小城里,他过着白天夜晚完全不同的双重生活。他白天按时上下班,写材料、做简报,沉默而低调。到了晚上,在另一个时光隧道里,他便以读书与写作过着另一种生活。他在书堆中追求自己的梦想,从不曾灰心。直到有一天,他拿出了这本《无处安放的乡愁》。

作者祖祖辈辈耕种于江淮之间,他自己也长于乡间。他自己通过摄取知识改变了命运,由农民变成读书人,就如同从柏拉图《理想国》虚构的洞穴中走出的囚徒。《无处安放的乡愁》就是作者作为一个逃离的囚犯回望自己乡村的感悟。在这本文集中,作者童年、少年、青年三个时代家乡的景象跃然纸上,与当今现实的对照亦令人唏嘘。在他的笔下,乡村人在时代巨变中遭遇迥异的人生,一些人在阳光下享受,另一些人却在阴影中煎熬。文本之中,作者那柔软细腻的心跳动其间。

作者离开农村已经多年,辗转城市间,生活有时起,有时落,但他始终有一个不辍的梦想——回归率性而为的"自然之乡",过一种宁静自由的田园生活。宁静自由实为一种心境,不一定非要回到真正的田园。陶渊明《饮酒》诗中写道:"采菊东篱下,悠然见南山。"在东篱下采菊殊为容易,但以悠然的心情眺望远山则是很多人难以做到的。陶渊明在诗中又说:"问君何能尔,心远地自偏。"是啊,只要我们真正听从了心灵的召唤,哪里不都能做到宁静致远?关键是安顿内心,白居易"此心安处是吾乡"说的也是这个道理。

这本书有思念,有忧愁,有温暖,也有复杂的回乡经历,似有些"混搭",但恰恰反映了作者的真实。作者曾对我说,这是自己写给自己看,自己说给自己听。呈现在我们面前的,虽然是独特的个案,但放置在整个时代变迁的背景下,仍具有一定典型性。一处村庄、一个家乡、一些人的独特命运,可以观照一个更大社会群体的集体命运。普通人的记忆不仅仅是个体的经历和感受,凝结起来便是社会共同的财富。以此观之,这本著作足兹人们更好地认识我们这个时代。在城市化的大潮中,农村社会并不具有抵抗能力。城市化进程破坏了农村的传统秩序,却未建立起有效的新秩序,酸甜苦辣尽在其中。面对神秘而不可抗拒的主宰力量,农民只能被动地调适。虽然作者情感充沛,但仍不能写尽此番沧桑,留下无限想象。

以心成书,诚非凡品。是为序。

(陆幸福　法学博士,西南政法大学教授)

引子
家乡在江淮之间

这么多年都以文字在世上谋生，却从来没有一篇写自己家乡的文章。以前有很多人问我是哪里人，很多人不知道新县在什么地方。

我的家乡在河南省新县，位于河南省的南部，属信阳市管辖。信阳市以前叫信阳地区，信阳地区俗称豫南地区。豫南地区大多处于淮河以南。

中国历史上的南北分治，多以淮河为分界线。三国时期，魏国与吴国对峙，淮河是兵家必争之地；南北朝时期，南方的宋、齐、梁、陈与北方的北魏、北齐和北周对峙了170多年，便是划淮而治的局面；即使到了统一时期，淮河也是州、县、府、道的边界。地理学上也是以秦岭、淮河为中国南北的分界线，淮河是气温零度线。

新县又在信阳地区的东南部，是大别山区腹地。从地图上看，新县地处鄂豫皖三省结合部，东襟合肥，南视武汉，东与商城县相邻，南与湖北省麻城市、红安县、大悟县紧密接壤，西与罗山县相连，北与光山县相接。

这块土地上,峰峦叠嶂,群山连绵起伏。这块土地内,河流密布,暴雨时溪河水势凶猛。最高的山是黄毛尖,最长的河是小潢河。县志上把本县境内河流概括为"两大流域,六大水系"。其中,淮河流域有潢河、白露河、竹竿河、寨河四条水系,长江流域有倒水河、举水河两条水系。

新县的县龄不长。1932年10月,国民党蒋介石政府为了便于控制鄂豫皖边界的大别山区,对付革命力量,以当时河南省政府主席刘峙之字"经扶"为县名,以新集为县治,设立经扶县,将光山县南部和湖北省麻城市、红安县北部部分划归经扶县管辖。1947年8月,刘(伯承)邓(小平)大军千里挺进大别山,重新解放了全县,将经扶县更名为新县,成立了新县人民政府。至2012年,新县成立不过70年历史。

因为处于江淮之间,所以新县的口音自然集南北特点,各地方言不一。新县北部原属河南省光山县,方言主要是光山话。光山话里没有一点河南口音的影子,相对河南省大部分属于"蛮音"。新县南部靠近湖北,那些地区湖北口音更重,方言又有湖北话成分。

新县很多口语明显带有地方特色,一些词语外地人很难听懂,比如"麻粉子"意思是很小很小的雨,"克脚包"意指膝盖,"合谱"指说话不经过大脑随便猜想,"麻利骨"意指小石头。"公鸡、母鸡"在本地称为"鸡公、鸡婆",青蛙在本地俗称"咳蟆"。

看一个人说话的方式,我们大概知道他来自什么社会阶层;

听一个人的措辞,我们大约知道他所受的教育程度;听一个人的口音,我们大抵知道他来自什么地方。不管走到哪里,特殊的乡音都是身处异乡的老乡加深友情的黏合剂。

我的家乡以将军县闻名于共和国,因为许世友、李德生、郑维山等43位将军的故乡就在这里。许世友以其早年的少林寺出家经历和革命时期的传奇故事而被誉为"张飞"、"李逵"式的人物。很多人不知道河南新县在什么地方,但是一提起"许世友的老家",大家都会会心地"哦"一声,鲁莽、勇敢和忠诚成为许世友这个共和国一级上将的标签,他的传奇事迹常在茶余饭后被人们津津乐道。

在新县这块红色的土地上锻炼成长了中国共产党早期的三只革命队伍——中国工农红军第四方面军、红二十五军和红二十八军。其实,革命时期的新县户籍人口仅为10万余人,革命期间献出生命的却达到55,000人。

这个世界上有一种昆虫叫萤火虫,它们闪光那一瞬已经使世界变得更美……那些献出了自己的身体和生命的仁人志士,同时也留下了美丽瞬间。自古有"一将功成万骨枯"的说法,家乡有那么多的烈士,说明革命意味着流血牺牲,革命的成功意味着无数生命的短暂。回忆家乡,我们总是记得那是一片鲜血浸染的土地。

革命年代,家乡是国共两党反复厮杀、反复争夺的地方,留下了很多战斗遗迹和红色景点。新县县城里有鄂豫皖首府革命烈士博物馆、鄂豫皖革命烈士陵园、鄂豫皖中央分局旧址、鄂豫皖军委航空局旧址。

鄂豫皖中央分局旧址位于新县县城中心首府路,大门上面悬挂着徐向前元帅1980年题写的"中共中央鄂豫皖分局旧址"匾额。1931年5月至1932年9月,中共中央鄂豫皖分局和省委及红四方面军军委在这里办公,指挥和领导根据地的斗争。鄂豫皖革命烈士陵园在县城南,烈士博物馆在烈士陵园对面的猪头山下,中间隔着小潢河。

战壕犹在,寒风依旧,往事成为村民茶余饭后的话题。

许世友将军墓在新县田铺乡。许世友幼年丧父,从小跟母亲相依为命。参军以后,几十年戎马倥偬,为国尽忠,顾不上对母亲尽孝,他内心常存歉疚之情。1952年,他任山东军区司令员时,请假探家一次,见了母亲,长跪不起,众人百般劝慰才把他扶起来。1959年,他为看地形又一次路过家门,见74岁的老母亲还在打柴、喂猪,不禁泪流满面。母亲病危时,他因公务缠身,未能及时赶回去给老人送终,引为终生憾事。当时他发下誓愿:自己死后,一定来为母亲守坟。

1985年,许世友魂归故里,葬在许母墓旁边,实现了他的"生前尽忠,死后尽孝"的心愿。墓四周2.6平方千米的区域内有习武场、许母松、孝义亭、将军广场、将军大型石雕像、许将军生平展厅及许将军生前收藏的万枚毛主席像章展厅、农家乐等景点,是人们敬拜将军、观赏自然风光、享受田园之乐的理想胜地。许世友将军墓地坐落于万紫山,背倚来龙岭,面视五虎山。墓周围古木奇松,山花云海。春天,鸟语花香;夏至,松涛阵阵;

秋来,漫山红叶;冬季,林海雪原。

我的家乡没有什么名山大川,但在我的心目中也是自然风光优美的地方。著名的风景区有天台山自然保护区、金兰山自然保护区、连康山自然保护区、香山湖、九龙潭、江淮岭等。我比较熟悉的是金兰山、香山湖和江淮岭。

金兰山位于新县县城的西南方向,总面积33.4平方千米,现在建成金兰山国家森林公园,森林公园由金兰山、连康山、西大山三山相连而成。金兰山山陡岩峭,山峰刺天;山上有一座道教奇观,是淮南著名道教圣地之一,是体道悟道的神往之所在。山上有三尊巨石,犹如道教三大宗师老子、庄子、关尹子之化身,正如道者所言"说出来的不是道,悟出来的才是道"。

金兰山在我的村庄东部二十余里的地方。小时候在山上放牛,总是能远远看到金兰山的三座山峰。远远望去,三座山峰像极了三个人形。小时候,我们的脑海里只有《西游记》和《大闹天宫》,于是总把这三座山峰附会成孙悟空、猪八戒和沙僧。兴致来了,就一边唱着"唐僧骑马咚咚咚,后来跟着孙悟空,孙悟空跑得快,后面跟着猪八戒……",一边看着牛在山上吃草。金兰山是孩子们的气象台。乌云只要出现在三座山峰的上空,放牛的孩子就知道要赶紧牵牛回家,否则要被雨淋湿。

在家乡曾经生活了那么多年,我却从没有去过一次金兰山,倒是多次见过山上道人来到我们村庄化缘。他们身着道袍,手拿禅杖,引得一群孩子远远跟在后面。孩子们不敢靠近,是怕被捉了去当道士。家长们怕小孩不辨陌生人好坏而故意编出的恐吓话,让孩子们信以为真。1970及1980年代,旅游业没有兴起,道观里的道士们还要自谋生计。

离我的村庄大约十二里,有一座在佛教史上具有重要地位的寺庙,名叫净居寺。净居寺坐落在大、小苏山之间的山谷。寺门东侧有古银杏树,树高七丈余,干粗三人围,冠枝若伞。树干上部的洞中还长出一棵檀树和一棵柏树,是前人嫁接,还是风吹树籽于洞?不得而知。

这座寺庙因北宋诗人苏东坡的短暂居留而闻名遐迩。苏东坡在那里留下了一篇《游净居寺诗并叙》的诗,其中写道:"愿从二圣往,一洗千劫非。徘徊竹溪月,空翠摇烟霏。钟声自送客,出谷犹依依。回首吾家山,岁晚将焉归。"北宋时期,苏东坡因为反对王安石变法,被发配到黄州任团练副使。苏东坡在被贬的路上途径净居寺。

20世纪70、80年代,净居寺周围还一片荒凉,更是寂静。我小时候,根本不知道净居寺的神圣和由来,无心、无意就跟着别人一起去了净居寺一趟,眼中只有寺院的建筑和台阶前的青草、大树。其他的记忆已经模糊不堪。

江淮岭在县城南,顾名思义是长江、淮河的分水岭。整座山跨长江、淮河两大流域,降雨是从这里往长江或淮河"分流",南麓流往长江,北麓汇入淮河。站在山顶俯瞰,上部苍松翠柏、奇峰怪石,下部便是鳞次栉比的梯田。

江淮岭季节不同,景色各异。春天鲜花盛开,茶树飘香,草木蔓发,松绿竹黄;夏天林木翁翳,绿荫沉凝,凉风拂肌,几忘酷暑;秋天松竹沉黛,枫叶如火,硕果缀枝,百草含香;冬天风荡林海,雪压劲松,山色凝重,似露峥嵘。我犹记,冬天下雪,南面的山坡积雪是薄薄一层,北面的山坡积雪厚厚一片。北面背阴,积雪消融很慢,南面的积雪早已化作清泉。在家乡,没有下雪,冬天就没有色彩,那种静谧的、洁白的、近乎童话的世界。在家乡,没有腊肉,冬天就没有味道,那种咸咸的、黏黏的、热气腾腾的感觉。

新县虽然在长江、江淮之间,但是因为地处大别山腹地,所以过去是商人乘船不达、坐车不到的地方。现在,新县也成为一个交通发达的便利之乡,106国道、汉潢公路、京九铁路、大广高速穿县而过。去郑州不过6小时的车程,到武汉两个小时足矣。打工经济在新县兴起,大多数老百姓离开乡土,外出务工,就像种子一样散落在全国各地,有的还漂洋过海,远赴日本、韩国、新加坡、非洲和欧洲各国。

穿越江淮岭的汉口—潢川公路是20世纪新县通往武汉的唯一公路,经历了土路、柏油路的变迁。离乡、回乡、再离乡、再回乡,许多人一生中有很多次翻越江淮岭,经红安到武汉去坐南来北往的火车、向西向东的轮船。也有一些人翻越江淮岭后,从此再没有回过家乡。家乡的人们只记得住那些闯出名堂和功成名就的人,茶余饭后津津乐道他们的奋斗故事,却说不清自己的邻居漂流在何方,过得怎么样。每次经过江淮岭,我记住的不是其美丽景色的变换,而是每次经过江淮岭的不同心情,或兴奋、或惆怅、或感慨,也许是乡愁。

有一个人写了一篇《新县赋》,文章说:"诗画新县,锦绣红城,大别山麓,江淮之滨。东襟黄山天下秀,南屏长江浪滔滔,西接广水风云起,北连黄淮逐中原……"

文章铺陈宏大,可在我的心里,家乡只是我的回忆和思念。

故鄉

农村嫁娶

家乡的嫁娶场面,有浓厚的地域特征。

一般来说,结婚是男方中午的正席。接亲的时候,新郎必须参加。迎亲时,男方备彩轿至女家接亲。迎亲的时间,一般都在清晨。女家摆席,新郎坐首席,新娘则请儿女双全的妇女"开脸",即用两根线绞除脸上汗毛;待新娘穿戴整齐,头顶褡头后入轿。

新娘走在路上往往引得行人驻足观看,评头论足。在新县的土话中,行人一般不把新娘子称呼为新娘子,而是说"这个新大姐长得真排场"。"新大姐"的意思就是新娘,"排场"就是漂亮的意思。

农村男子娶亲的仪式隆重、热闹。这一天,男家洞房、中堂、门、窗及树干张贴大红"囍"字,有正贴和倒贴,倒贴者取"喜到"之意。新媳妇进了村,当天没大小。不管男女老少,都可以堵在门口要喜糖。抢不到喜糖的,就抢新娘子随身物品,捞着什么抢什么,扒鞋的都有。要想被抢的东西物归原主,新郎家就得拿喜糖来换。

我记得,大舅的儿子——我的大表哥结婚时,我曾把新娘子的枕头拿到小卖部换回一袋喜糖,然后"通知"表哥花钱才"买"

回去。婚礼大多遵循"一拜天地、二拜高堂、夫妻对拜"的仪式。

正屋的香案前,燃烧的香烛不停地摇曳,香炉升起长长的香影,一对新人在司仪的主持下,在"祖宗昭穆神位"面前缓缓三拜。亲戚、乡邻把新人围在中间,极尽喜庆场面。仪式在司仪大声宣布"新郎新娘入洞房"之后结束,新人随之被引导进入洞房。新娘进入洞房后要坐帐、拜床、喝"子孙汤"(也叫"连心汤")。结婚前一天,新床一般都由小男孩占据,小男孩越多,意味着生男丁的机会越多。

婚宴大多是在正午。上了几道菜后,"执客"携新郎新娘及男家父母出来答谢,先是父母挨桌敬酒,"感谢对家庭及犬子的关爱"云云;然后新郎新娘要按亲近、辈分等一定次序,逐个向每位在座宾客双双敬酒。一般情况下,客人不会过分刁难新郎新娘,只有与新郎平辈的人(比如表兄弟、叔伯兄弟)才愿意百般刁难。这时候新郎新娘是不许恼怒的。一场婚宴,说说笑笑就结束了,新郎、新娘和主人早站在门口恭送宾客。

闹新房是同辈伯叔兄弟、表兄弟最喜爱的时刻。豫南农村,婚礼之夜,亲友到新房乘兴逗乐嬉闹,称为"闹新房"。俗话说闹新房"三天无老少",允许长辈、平辈、小辈亲朋和宾客嬉闹,皆无禁忌。闹新房是非常古老的习俗,以为新婚"不闹不发,越闹越发"。

闹新房期间,有的地方还有"撒帐"的习俗。撒帐的人把枣、花生、糖果等抛撒在新郎新娘身上或者新床上,同时唱着《撒帐歌》。歌词有的是传下来的,如"一撒金,二撒银,三撒五谷丰登……";有的是撒帐者现场编就的,如"娶个新娘叫×华,生个儿子上清华……"。撒帐有明显的象征意义:枣、栗子寓意"早立子";石榴寓意"多子";花生寓意"花着生,有男有女";糖果,寓意"甜甜蜜蜜"……

  为什么要撒帐?后来我看到关于这种风俗的文字,发现很多地方都有此风俗,各地还有许多约定俗成的做法,或在婚礼上,或在新婚夜,并非豫南独有。只不过一看到这类记述,我就会情不自禁想起家乡的"闹新房"。如今城市婚礼上向新人身上抛撒吉祥花粉和红绿纸屑的做法来自域外,却也和传统的撒帐十分相似。

  女儿出嫁就没有这么热闹。一般而言,女方要在女儿出嫁前一天晚上隆重地摆上酒席。虽然酒宴目的是答谢亲戚朋友,但酒宴的上宾却是媒人,因为媒人的穿针引线、往来奔走是婚姻成为现实的关键。有的地方直接把这个酒席称为"谢媒宴"。为了儿女不耽误婚期,农村往往托情、央求亲戚朋友说媒,即使说媒不成也有"成不成,酒三瓶"之说。

  大多数村民在选择结婚日期的时候,仍然遵循着"瞧日子"的传统习惯。结婚日期确定了男女家庭双方稳固的关系,除非遇到不可抗拒的原因,否则轻易不会变更。

宴席礼节

那时候,农村里办红白喜事,都要请个能料理事的人打理。一般俗称"执客",也有的地方叫做"支客"、"知客"。"执客"的职能、作用以及所扮演的角色,聚集今日之活动统筹组织、执行导演、仪式主持于一身,一般由该家庭富有威望且脑瓜灵活的亲戚担任。这人不仅要熟知农村各种红白喜事的礼仪程序以及各种待人接物的习俗礼节,而且要在红白喜事中指挥东道主按照各种礼仪程序行事,特别要妥当安排好宴席座次。这人要能说会道,出了差错,会打圆场;也要好酒量,遇上能喝的客人,必须要一陪到底。总之,就是要替东道主把亲戚朋友都支应的乐乐呵呵,不能让亲戚朋友挑了差错。"执客"一般不坐席,而是到这屋那屋转,来回走动,看看有没有可料理的事情。即使没有什么事情,也是一副很忙的样子。

那时候,遇到婚丧嫁娶、大兴土木,还不时兴去饭店,村子里也没有什么饭店,都是在家里摆酒席。家也不大,差不多都是三间土房。东屋一桌,西屋一桌,房间大一点可以同时摆两桌,遇到大晴天又不够地方甚至可以在院子里摆,也可以借邻居家摆上几桌。这时候,大抵可以因陋就简,也没有人不愿意入席。

参加宴席,在农村俗称"吃席"。吃席最大的讲究就是如何坐席。坐席的叫法也许很多人不明白,其实坐在饭桌最重要位置的那个人就叫做坐席。一般来说,坐席是一家之主的事情。男有男席,女有女席。由于亲属关系的网络性,所以坐席的人往往是代表一种亲属关系上桌子吃饭的,而不是代表个人坐席(当然胃是自己的)。如果家长没有来参加宴席而派了其他家庭成员来参加,那么就由这个家庭成员代表。在农村的宴席上,能不能坐席,不看官大官小、钱多钱少,只看辈分及亲属关系,这一点透露出浓浓的人情味。

我的大表哥结婚的婚宴,我和母亲都参加了。大表哥的姑夫们及姑表兄弟被"执客"安排在同一桌吃饭。我父亲是大表哥的大姑父,理应坐席。但由于我父亲没有参加,所以我代表父亲坐了席。那一桌一同吃饭的亲属,还有大表哥的二姑夫、三姑夫、四姑夫,虽然他们于我而言是姨夫,辈分属于尊长,但因为我是代表父亲出席,所以他们也不争席。我在这时候正确的选择是谦让,让姨夫们坐席。但如果我们这一桌全是表兄弟,我理所当然坐席而不必谦让,即使别的表兄弟比我大。如果安排不好,有可能争执。农村人争面子,往往就体现在争席上。

因而,坐席对于"吃席"的人来说的确是一件很严肃、很庄重的事情。我第一次代表父亲坐席之前,出门时总是被父亲或者母亲千嘱万嘱,类似于坐席的一些注意事项等等。比如说:菜上来了才能动筷;夹一口菜就要把筷子放下,不能连着吃,也不能老是把筷子握在手中;不能夹别人面前的菜,更不能满盘子乱翻;不能吃了一半就提前退席,要等主人家答谢之后才能离开酒席。可以离开饭桌的标志是一道"红薯丸子"的菜,表示圆圆满满。熟知农村宴席的人一看到这个菜端上来了,如果吃饱了就可以放心离开饭桌而不违反礼节。

坐席的确有很多讲究。即使现在回忆起来,这一切都还让我感到既郑重而又陌生。特别是夹在一些大人之间,往往让我感到非常拘束、别扭,总是不能让胃口尽兴,大快朵颐。现在看到少部分城市人对待农村人骨子里的不屑,我总是回想到农村吃席的热闹场面,农村人的宴席上自有一套成熟的礼节,可以说农村人有自己的自尊和风度。

礼尚往来

人际交往都是以家庭为单位展开的。亲戚交往最频繁、最隆重的是父族、母族、妻族三大亲,姑亲、姊妹亲、干亲次之。如果彼此礼仪不周,轻则造成隔阂,重则导致绝交。

亲属称谓是维持和强化代际关系的重要手段。豫南农村,是非常讲究长幼有序和性别区分的。长辈与晚辈分别遵守自己的行为准则。即使自己的年龄再大,只要对方的辈分比你长,你都要按辈分尊称对方。不过,在现代社会里,长幼之间可以在轻松的玩笑中消除紧张与尴尬的关系,掩饰双方的局促不安。家乡人对亲戚的称呼也是很个性的,将"连襟"说成"霸欠",这种称呼可能外地绝无。

邻里之间、亲属之间有互助的习惯。一个家庭遇到有婚丧嫁娶、大兴土木等事情,邻里、亲戚往往一齐来帮忙,有钱的出钱,没钱的出力,有物的出物,方式不一而足。这种帮忙互助,人们俗称"送礼"。事情不同,送礼的内容不同,但都具有实用性,比如造屋时,有送檩子、烧瓦的,也有送肉送菜的,还有送馒头、油条、挂面的;比如嫁女,有送被子、鞋子、衣服的,也有送首饰、嫁妆的;比如生子满月酒,有送鸡鸭、送童服的,也有送挂面、腊肉的。

由于亲戚、邻里的固定性,这种礼节往来固定不变,一家送出去另一家接受下来,到时候另一家也相应回礼。这家嫁女你送了一块做衣服的布料,到你家嫁女时这家就需要随大致相当的礼。随礼的多少,当然要考虑物价上涨、经济实力、亲疏程度等因素,农村叫做"回礼"。这种农村家庭之间的团结互助据说非常古老,对于穷人家非常实用。

春节的"拜年"习俗也是源远流长。大年初一,是族里、邻里之间的拜年。晚辈给长辈上门拜年,长辈等晚辈拜完年后再回拜。家庭有孩子的,往往是孩子先出动,然后是大人出动。每家每户备好瓜子、花生、糖果、水果、香烟等物,遇到前来拜年的儿童、家长,进行分发。大年初二,是女婿给岳父母、外甥给娘亲母舅拜年。大年初三,是侄子给姑、姨拜年。哪怕农村人家平时非常节俭,但在春节期间都会准备丰盛的食物,接待前来拜年的亲戚们,好像只有这样才能展现他们的热情和厚道。

由于我的亲戚家住得比较远,去拜年基本靠脚力,所以小时候很不喜欢拜年,而且最怕的是吃饭。无论到哪儿,好客是特色,每到一家都要吃上一碗饺子或者一碗挂面,当地俗称"过顿","过顿"不久就要吃饭。在亲戚家有"过顿"或者"吃饭",才算是拜完年。一连几天下来弄得胃口全无,而且消化不好。我就问母亲为什么要拜年?母亲当时解释说:"亲戚、亲戚,不走动就稀,一年一度拜个年,有事时候好照应。"

农闲生活

在农村,特别是在那些偏远的山村,人们农闲季节里的生活单调、匮乏,是一种普遍事实。但是,农村人有自己的快乐方式。

那些年,露天电影是农村的主要大众娱乐之一。支一块幕布,摆一张桌子,放一台机器,村头的打麦场、村学校的操场、宽敞的家门口就成了露天电影的放映场。那时候,人民公社有专门的放映队送电影下乡,一个生产大队一个生产大队的轮流转,电影放映员由生产队管住管吃。打着手电筒,走上好几里路,到另一个村庄去看电影是经常的事情。

露天电影构筑了我们这些70年代生人的美好童年记忆。早期的《地道战》、《南征北战》、《奇袭》、《上甘岭》,儿童片《大闹天宫》、《哪吒闹海》、《马兰花》成为我们童年的记忆,后来的《小花》、《大桥下面》、《喜盈门》、《少林寺》、《知音》等电影,我们看了又看。露天电影也成就了那些50年代、60年代生人的初恋情怀。很多人的心思不是看电影,而是去和邻村的俊男靓女眉来眼去,找机会相见、搭讪。

村里有很多公共生活空间,比如说打谷场、池塘埂、大门楼,那里一般是自然风流动最好的地方。夏天的晚上,家家户户吃完晚饭后都出来乘凉。大人们一般是开始他们每天一次的精神会餐——谈天说地,有的孩子也坐在旁边仔细听。要么是本村或邻村鸡零狗碎的琐事,要么就是《三国演义》《水浒》等演义传说,要么就是历史或者国共两党争霸往事,要么就是出门见闻或者庄稼收成。妇女和男子的话题往往不同,主要集中在纳鞋底、穿着打扮、邻里短长的鸡毛蒜皮事情上。

乘凉一般是天晴日子。有时候月光皎皎,把斑驳的、淡淡的月影投在纳凉人身上。有时候漆黑如墨,在黑暗里真是伸手不见五指。

冬天来时,白天,村西头能够晒太阳的地方往往成为大人聚会的场所。男人们抽旱烟、整修农具,女人们纳鞋底、做手工。晚上,家家户户烧起火塘。火塘就是在屋子里挖一个坑,二尺见方左右供烧柴取暖用。在漫漫冬夜里,一家人围着火塘烤火、做饭、饮水喝茶。有的家庭好客热情,不可避免地成为山村的公共生活空间。虽然话题如旧,但场所从室外转移到室内。有时候,走村串户的说书匠人也会来讲讲故事。

在我童年、少年时期,农民们有稳定的劳动与生活,他们有时间和兴趣去从事自己喜欢的文娱活动。平时爱摆弄乐器的村民凑成一个草根乐团,农闲和喜庆时刻,他们会聚集在一起,各自拿一件喜爱的乐器,有板有眼地自娱自乐。在我的记忆中,豫南农村的民间乐队以二胡、鼓、锣、钗、唢呐、快板为主,虽然表演水平不敢恭维,但我们能感受到村民们热情的生活态度。

现在的农村,集体劳动已经解体,农民们不得不为糊口生计而奔波,村庄再也无法动员、组织农民开展集体娱乐活动。但农民们可以自己组织一些新娱乐。看电视、打麻将和斗地主成为主导他们农闲生活的主要节目。不管是到哪个家庭，总能看到屋子里有一张麻将桌。可以想象出，农村经常有这样的场面，坐在麻将桌上的男子一边嘟噜着，一边说着粗话。一些农民，每日、每月、每年的农闲时光里只有麻将。

农闲时候，玩五行棋、打角、滚圈、打弹弓、做手枪、玩泥巴、打水枪对小孩子来讲是最经常的游戏节目。冬天喜欢滑冰、打雪仗，夏天就是藏猫猫、下河游泳。规模最大的游戏还是藏猫猫，参与者众，一群孩子，分成两伙，你藏我找。我们几乎藏遍了生产队的角角落落，也找遍了村子里的沟沟岔岔……只是时间一长，就有点腻了，不愿意玩了。

现在的孩子，有很多的遥控电动玩具，熟悉迪斯尼世界的故事和玩具，迷恋灰太狼与喜羊羊的剧情，乐见红衣服白胡子的圣诞老人。家长也更加关注他们的智力而不是审美。与20世纪七八十年代相比，现在孩子的活动空间里，没有摸鱼的小河，没有打滚的山坡和沙滩，没有躲猫猫的干草垛，没有可供偷摘的桃李杏，没有镰刀般的弯月，没有草丛间的萤火虫，每次想起，总替他们感觉遗憾。

民间艺术

幼年时,但凡一见"艺术"一词,便肃然起敬,但那时不知民间艺术为何物,以为艺术只城市才有。以现代学术的定义,搜寻农村农民生活的时空,竟然发现遍地是艺术,对城市把艺术故作"神圣化"哑然失笑。村居的建筑风格、木匠的盘龙雕花、手工的布鞋手帕、篾匠的精细编织等等,以物质形态存在的艺术无处不在;走村串户的说书人、流动乡村的戏班子、祝寿贺喜的皮影戏、欢庆节日的舞狮玩船,又以非物质形态艺术活跃于民间。

玩旱船。逢年过节,民间盛行玩旱船的习俗,这种民间艺术据说在明末清初就已盛行。旱船是依照船的外观形状用竹篾制成的小船,是一种在旱地上模拟水中行船的民间艺术,船上装有带尖方顶,人们叫它"蔽棚",用四根约一米的小柱子撑着与船身相连,船身长两三米,宽七八十厘米,船下无底,船底四周以棉布裙围缀遮挡,避免坐船人露脚。旱船从上到下装饰以红绸、纸花为主,造型美观,色彩鲜艳;顶棚上有的悬挂彩灯、彩带或其他装饰物,下面围缀上绘有蓝色的水纹图案。远远望去,竟酷似真船。

坐船者用绸带将船身系于腰间,有的背在双肩上,前进后退作行船状,由于表演者的双脚被船上的围缀所遮盖,走动起来如女子坐船在水中划行。坐船者原来都是男扮女装,现在也还有一些是男扮女装的,但多数是由女子化妆后直接饰演姑娘、媳妇。坐船者在表演中,模仿船在水中行驶的状态有:起锚、开船、拨水、波浪行、卧船、翻身、跨船、下篙等;坐船者表演的动作有:跑步、碎步、蹲步、搓步、慢步等。坐船者的表演需要有较高的艺术手段,既要和撑船人密切配合,又要表演女子的各种修饰动作,而且还要操纵船身,模仿船在水中行驶的各种形态,形象地塑造出水面行船的各种情景。

撑船者一般一人,也有数人撑船的,分别称之为"头道篙"、"二道篙",划桨引船,在前头带路,做出各种各样的划船动作,另外还可由一至二人分别扮演村姑或老婆帮船。撑船者的动作有:旋风飞脚、翻跟头、单叉、双叉、爬虎、跑步、搓步、摇桨、撑篙、起放锚等,帮船者的动作要滑稽、诙谐,这些演员武把式要好,才能演得精彩。

玩旱船所用的服饰道具除旱船外,还有船桨、撑篙、戏衣、饰物等。玩旱船使用的乐器有大锣、小锣、鼓、镲等打击乐器,也有的地方加上一至两支唢呐伴奏,气氛热烈,情绪活跃,具有浓郁的地方风情和民族色彩。

玩旱船的表演以跑圆场、走"八"字、摆画面、亮把式为主,边跑边唱。唱歌以地方小曲为主,有"门调"和"小调"之分。"门调"就是在人家的大门口随口编的,见啥唱啥,一般多为赞美之词、吉祥话或笑话。"小调"即为固定的地方色彩浓厚的民歌。由于离开故乡很久,现在已经不记得曲名。唱的时候通常还要有一群帮腔的人,烘托民歌群起群和的效果。

表演一般逐村逐户地进行,一户门口要唱两三段门调或小调。如果主人也爱唱,对起歌或闹起笑话来,那就唱得多了。如果表演得好,主人会在你要走的时候,放一挂小鞭炮,挽留你,这时就要重新唱一曲,也有可能再三挽留,那就再三地唱。玩旱船表演每到一个村庄,几乎全村的人都要来看热闹,人山人海,喜气洋洋。目前玩旱船已作为一门民间艺术,既在逢年过节表演,也可单独组织表演队在重大节目中表演,深受广大群众的喜爱。

皮影戏。皮影戏我们那里叫"影子戏",是用灯光照射牛皮制作的人物侧面剪影来表演故事,是汇音乐、绘画、雕刻、戏曲、表演等艺术为一体的古老而独特的戏曲形式。这是一种古老的艺术门类,国内很多地方都有这种艺术记载,并非豫南独有。

皮影戏演出团体由5至8人组成。一人司鼓,一人敲击大锣和小镲,一人击奏小堂锣,此3人组成乐队进行伴奏,两三人在白纱布帐后,把皮影贴在纱帐上表演。灯光把皮影的一举一动照射在纱帐上,帐前的观众被咿咿呀呀的说唱带进故事的跌宕起伏、爱恨情仇。

皮影戏的主要道具是皮影人,皮影人是由多片牛皮(或驴皮)连缀而成,分身(上身、下身和腿)、帽和头三部分。把头像片插入头帽片里,再连接身片,从而成为一个完整的人物形象。其数量比例是"一头配三帽,三头护一身"。一担箱至少需身片50副、头片80副、帽片150副方可够用。

演皮影的屏幕,是一块2平方米大小的白纱布,白纱布经过了鱼油打磨,变得更加透亮。照射的灯,以前用煤油灯,现在用电灯,放置在说唱人和白帐之间。说唱的人操纵皮影,依靠缀在皮影双手及后肩上的三根水竹棍来完成。俗话说:"皮影戏好唱,三根棍难戳。"皮影戏是"活口戏",一个戏班子人很少。所以,皮影艺人要一专多能,技术全面,不仅手上功夫绝妙高超,嘴上还要说、念、打、唱,还要能适应角色需要模拟多种声音,在配合皮影人物表演武打情节时,还要靠惊堂木、跺脚来增加气氛。

皮影戏的剧目分连本戏、单本戏和垫台戏三种,共有剧目近千本。我印象中比较深刻的连本剧目有《哪吒闹海》、《劈山救母》和《薛仁贵征西》。垫台戏亦名"杂出",唱完正本后"找一出",如大鼓书的书帽一样,多为单一唱腔的小段短篇戏,内容多为丑角搗笑话。自古皆靠艺人口传心授,无文字剧本。直到今日,我都无法解释戏班为什么每次都把《封神榜》作为第一个剧目开演,然后烧香供奉姜太公神位。姜太公是皮影戏的祖师爷吗?

皮影戏班的演员多数是半职业,由一帮有着共同兴趣的附近农民组成,农忙时插秧种田,农闲或者晚上才搭台唱戏。我们乡远近闻名的皮影戏班当属邱堂村的邱家班,班主名叫邱洪拯,曾在20世纪80年代出版的《新县志》有记载。我们村有一位堂哥曾经加入过这个皮影戏班,以其吹唢呐的专长而在戏班里有一席之地。他后来中风,儿女又不在身边,经常拄着拐杖行走在乡村的道路上,早就不唱皮影戏了。

戏班接戏主要靠附近的村民邀请。村民请戏的原因,一般是有娶妻生子、造房上梁、考学升学、孩子满周岁、老人大寿等喜事。唱影子戏是偿还心愿、庆贺喜事的一种程式化的礼仪。

当然,戏班到村子里来唱戏,最欢喜的莫过于小孩子。小孩子并不在意皮影戏是否精彩,只是喜欢在人群里钻来钻去。他们是"人来疯",爱的是这个扎堆玩耍的机会。

时光荏苒。如今皮影戏的事业越来越凋零,即使村里搭起了皮影戏台,事主不停地散烟、敬茶也难以吸引更多的人前来观看。观众被精彩的电视节目吸引着,也不再愿意忍受蚊虫的叮咬或者寒夜的凉冷。唱戏的人只是尽一个义务,请戏班子的家庭也只是还一个愿望。

建筑风格

豫南境内河流纵横,池塘密布,气候湿润,四季分明,山川秀美,境内居民修建村庄时一般没有统一的规划,大都是依据地势和空间大小等周围环境的不同而选择不同的居住地。依山就势、背山朝冲的村庄格局比比皆是。村庄选址在朝南山坡或山脚下,村名以"洼",如陈洼、李洼、龚洼等。村庄选择住在紧邻河流的冲积平地上,这种地势叫做"水围子",村名以"湾"、"河"、"围子"命名,如陈河、张围子、江湾、王李河等。有的村庄处在主要交通道路、集市附近,村名以"店",如张店、泗店、十里店等。

由于独特的地理环境和落后的经济条件,农村的建筑风格呈现出南北交融、东西互渐的特色。民居结构大体经历了土坯房、砖瓦房和机砖房三个阶段。

每个阶段房屋质量不同,所用材料不同。我的记忆中,早期大多是土坯房或者夯土房。土坯房砌墙所用的土坯是农田收完稻后,用石滚在稻茬田上反复碾压,再用特制工具切割成大小相致的坯块晒制而成。夯土房的墙体用黏性很强的黄土砌成,把黄土倒入用木板架成的箱体,用重力夯打牢固,在地基上一层一层夯实而成。

后来砖瓦房逐渐增多。早期的砖瓦房也是房顶用瓦的起脊式房屋，使用的砌墙材料是柴烧砖，柴烧砖是先用黏土和水做成砖坯，然后用木柴窑烧定型，砖体青黑色，又称"青砖"。为了统一砖的尺寸和厚度，窑匠有一个砖模，一个砖模一次可以成砖坯三块。后来的砖瓦房，又称"机砖房"，因为砌墙体的砖主要是煤烧的，砖坯由机器大批量做成。这种砖硬度高，砖体红色，俗称"红砖"。红砖机械化生产，因而产量很大，价钱很低，受到乡村欢迎。专门烧制"红砖"的轮窑在改革开放初期普及到各乡镇，烧制青砖的"土窑"逐渐被淘汰，也反映了农村富裕程度增加。

土坯房和砖瓦房的梁、檩、椽一般用杉、柏、柳等树，而不用桑、槐、楝等谐音不好的树。农村有"槐树不上房，桑树不做床"的说法。那时的窗户也多为木质。

在农村，盖房子是件大事，什么时候动工、上梁要选择良日吉时。一般要请来风水先生看风水、观阳宅、看地气、定门向、择良时。新屋的选址一般是选择坐北面南，太阳当前。这种门向，使得房屋不仅具有冬暖夏凉的居住效果，而且能顺应冬、夏两季不同日照角度和日照时间的自然规律，保证充分享受太阳的光辉。旧时人们很少有自家水井，吃水要到村子公共水井挑取。

民居布局，一般为正房三间，两旁小屋，围成合院。正房住人，供奉祖先。正房中间双开门，一般最大，是为堂屋，放香火、接待客人。小屋设厨房、柴房、仓储等。每家都有一个门楼，房后侧设简易厕所。如今门楼子不仅未被取消，而且其规模和质量都大上档次,贴瓷砖或花岗岩已为普遍。现在的农村,农民的房屋已经进化为"小洋房",正房现在多为楼房,两层、三层不一而足。有的家庭室内还装有自动抽水马桶,已然和城市没有二致。

　　作为农村人家,不管是过去还是现在,人们一有点积蓄就想搞点建设。这是自寻的烦恼和忙碌,当然也是快活的烦恼和忙碌。人们说,农民出外打工挣来的钱,三分之一用来建房,三分之一用来投入儿女的教育,三分之一用来支撑家庭支出,花费在自己身上的钱少之又少。

饮食文化

我的家乡虽然地属河南省，在饮食习惯上却是地道的江南特色。后来在学了地理知识后，我才明白缘故。秦岭、淮河一线是中国南、北气候的地理分界线，我的家乡位于淮河以南的江淮水系分水岭上，离长江水系反而更近，降雨量远远大于北方，所以农村多水田、多水稻。我的味觉记忆里，就一直珍藏着家乡好几种特别的味道。

一是蒿子馍馍的味道。记得农历三月三前后，家家户户都要做蒿子馍馍。农历三月三，离清明节不远，能够吃上蒿子馍馍是我们小时候的盼望。

蒿子外地一般叫青蒿，分为甜蒿和苦蒿，在农村是一种比较受欢迎的植物。甜蒿的嫩苗嫩叶人可以食用，猪、牛、羊也可以食用。苦蒿可以用来入药，也可以用来做蚊香。农村里用来做蒿子馍馍的都是甜蒿。

三月三前后，甜蒿的嫩芽和嫩叶从土里冒出来，新鲜得很，正是人们采摘的好时节。嫩油油的蒿子长满了乡下的田埂和地里，随随便便就能掐回来一大篮。

蒿子拿回来后，先把蒿子择洗干净，然后放入烧开的滚水里烫洗3分钟，这个环节叫做"绰水"，既是消毒又是去苦味。蒿子绰水后捞出,再用清水冲洗一遍切碎。蒿子馍馍有的是用面粉做成的,有的是用糯米和黏米碾成的米粉做成的。把切碎的蒿子掺入面粉或者米粉,一直揉到变成绿色,然后开始做馅料。

小时候我特别喜欢吃糯米粉做的蒿子馍馍,爱那种"磁"性或者"黏"性。小时候的蒿子馍馍都比较简单,馅料相对低廉,有的用咸菜,有的用蔬菜,有的给点糖,有的干脆只给点盐了事。不像现在,蒿子馍馍里面的馅料变得很复杂,用腊肉、鸡蛋、虾仁、羊肉等材料并配不少佐料,喜欢吃辣的人还喜欢给点辣椒油或者辣椒酱。

每个蒿子馍馍都包成拳头大小。包好以后放到锅里蒸15分钟左右。蒸过后的蒿子馍馍,会变得更加翠绿,拿出来清香扑鼻。看着热气腾腾的馍馍碧绿碧绿的,直让人流口水!蒿子馍馍还可以用油煎。油煎过的蒿子馍馍也别有味道,馍底焦而黄,馍面青而糙,吃起来清香满口。

从营养角度看,蒿子馍馍还具有较高的药用保健作用。《本草纲目》中说,青蒿能治疗风湿寒热邪气、热结黄疸,通关节、去滞热、除头热,久服轻身益气耐老,面白悦长年。《中药大辞典》称,青蒿禀天地芬烈之气以生,入肝胆二经,有泻热清暑、明目、悦颜、益气之功效。

元宵节吃汤圆,春节吃饺子,三月三吃蒿子馍馍,端午节吃粽子,中秋节吃月饼。从食品看,节日是舌尖上的记忆。在外上学和工作的时候,蒿子馍馍吃得很少,现在的生活条件好了,虽然蒿子馍馍做起来不复杂,但人们认为蒿子馍馍是增肥食品,油腻大，也都不怎么爱吃。遇上饭店偶尔有卖的，外观和味道与记忆中的蒿子馍馍比较，也相去甚远。

二是糍粑香。每逢年前，家家户户要用糯米打糍粑，只有到了打糍粑的时候，才显出浓浓的年味，亲戚邻居都来帮忙，大人忙着活计，孩子们知道一做糍粑就快要过年了，活蹦乱跳，好不热闹。

在打糍粑前几天，先洗糯米。首先要淘米，滤出沙子和细粒，然后再泡上几天，这样米泡过后比较容易蒸熟，打出的糍粑也比较松软，有"精丝"。糍粑一般作为冬天的主食和糕点，可烤、可煮、可煎、可炸，非常方便。除了自家过年够吃外，每每还要送一些给亲友。

在打糍粑之前，先将洗泡好的糯米放上木质蒸笼，架上大火开始蒸。为防止蒸锅水烧干，要不时地沿锅边向蒸笼里加水，直到蒸熟为止。然后将蒸熟的糯米拿出来放入专用石器。这种石器民间一般俗称"地窝子"，由红石头专门做成，八十厘米见方，中间掏成圆溜溜半圆形状，两面对称有两个耳子，像个大酒杯。趁着蒸熟的糯米滚热时，各家的小孩往往趁机来吃一些糯米，大人也不以怪，最多只是暗暗心疼。然后，男人们开始在地窝子里用专门的木棒不停地杵，或者用木槌使劲地锤打。这种木棒叫做"拐子"，专门用枣木做的。一个村子一般只有1至2个"地窝子"，连同锤子、拐子都有好几十年的历史。但每个村子情况又有不同，我的村子既有锤子和拐子，而我的外祖母的村子，就只有拐子而没有锤子，两村仅相距50里左右。

打糯米是欢快的时刻，往往是一个村里的男子齐上阵，轮班上，一边转圈一边哼着小调，把蒸熟的米粒捣成面团，还要翻个面再打。这个翻面也是很要技巧的，得两个有经验且配合默契的人来翻。他们先把各自的拐子用水洗洗，然后两人很快地沿窝底走一圈，喊个一二，猛一使劲，举起老高，然后翻了过来。接下来又是重复着不停地转，不停地打，等到糯米全变成面团没有米粒而且很黏的时候，就算打好了。打好后，大人可以用湿抹布先扯一团给围观的小孩子吃，此时的糍粑冒着热气，闻着清香，摸着柔软，看着洁白，吃着滑嫩，别有一番风味。最后就是将整团的糍粑拿起来放在一张方桌上，桌上洒上面粉，防止粘住桌子，可着桌子大小用擀面杖摊平，等慢慢变冷变硬后，用刀切成块，用缸或桶装新鲜的冷水浸泡着，要吃的时候随时拿出来。可以油炸吃、火烤吃、打汤吃，最好吃的是放在油锅里炕熟之后加白糖吃或者泡鸡汤吃。

我所偏爱的几种家乡美食，大多和"磁性"的糯米有关，也许只是我个人的偏好。其他人爱好的家乡美食也许比我丰富很多。

节日庆典

豫南农村的节日一般按照农历来计算,一年中主要节庆日有:正月初一为春节,十五为元宵;二月初二为花朝;三月初三为修禊,另有清明节;四月初八为浴佛;五月初五为端午;六月初六为伏日;七月初七为七巧,七月十五为中元,又称鬼节;八月十五为中秋;九月初九为重阳;十月初一为寒衣;冬月有冬至;腊月初八为腊日,二十三日为灶神节,又称小年,最后一日为除夕。其中最受重视、最为隆重的有春节、清明、端午和中秋。

春节除夕时,家家户户贴桃符,换对联,放鞭炮,一家人欢宴一堂,夜晚围坐火塘说笑,称之为守夜,又叫守皮袄。商城等地除夕之夜喜用红纸裹粗大薪炭,名为大粗炭,喻大舒坦之意。农历正月初一穿新衣,开门迎神,早饭多为水饺、挂面,也有吃元宵的,新县则家家户户煮鸡蛋,谓之元宝。饭后亲邻族里相贺拜年,初一至十五为高峰期,十六以后称拜晚年,二月初二送年始告结束。拜年的秩序先长辈,后平辈,民间有"初一叔伯初二舅、初三初四拜岳父"的习惯,初四以后为亲戚、朋友之间相互拜年。新县南部只给岳父母拜年,不到其他人家。新女婿拜年,所带礼物要很丰厚,岳父酒宴也十分隆重。儿孙辈给长辈拜年,长辈要赠以压岁钱。拜年客到后,主人煮一碗荷包蛋招待,或以鸡、猪肉垫底的糍粑。

正月十五是元宵节。元宵节是通说,有些文雅,农村干脆直接把这节日称作是"过十五"。

民间有"正月十五大似年"之说,早餐抢早,多吃汤圆,象征早种早收。天黑后家家户户张灯结彩,燃放鞭炮。黄昏之后,家家户户都要带着蜡烛奔赴坟山,在祖先坟前点燃以示纪念,这个民俗当地称之为"送灯"。灯火全部都点着之后,山坡上灯光成排成行,横竖交错。插完灯后,开始放烟火,火树银花好不热闹,场面让长眠在地下的祖先也不会感到寂寞。入夜,各村、各湾组织玩灯、观灯、舞狮、玩龙、放焰火。有的地方从十三晚上即已开始,从试灯、正灯到散灯,前后数日,有的甚至玩到二月初二。新县、光山等地有"玩十五、逛十六"的习俗,十六日早,男女老幼穿新衣,到野外郊游踏青。但新县泗店、田铺、箭厂河、陈店等乡只是清明节到坟上添土插幡、挂纸,无十五送灯之俗。

端午节又称端阳节,五月初五为小端午,十五为大端午,主要活动放在小端午。据说,在端阳节这天,天初明捉绞在一起的蟾蜍、赤练蛇和蜈蚣制成药酒,可以治疗毒疮;正午入园林深处,取露水名为仙药水,用此擦眼可预防眼病。在端午节,家家户户都会在早晨起来吃粽子、茶蛋、油饼、糖糕等,并以数个抛撒河、塘、湖、库之中,表示对楚国大诗人屈原的祭奠和怀念。门窗上插苦艾和菖蒲,象征祛风避邪,以后晒干制成艾绒,用以炙火除病,甚至民间有"端午不插艾,死后变老癞"之说。小孩在这天会系五色丝线于手臂,并挂香袋。新婚夫妇则要被女方娘家请去过节,称之为"新端午",出嫁的各辈姑娘,也会被娘家请去团聚。

中元节在我的家乡俗称七月半。一般从七日左右开始过节,直到十五日为止。节日期间,家家户户要去河塘洗涤祭器,如锅碗瓢勺,既有讲究卫生之意,也有对祖先的尊重,还象征着一年中祭奠祖先的事到此告一段落。七月半节,家家户户要烧香烧纸钱,缅怀列祖列宗,超度孤魂野鬼。家有新亡人,过节要适当靠前,并专为新亡者多烧纸钱,以示哀悼,俗称为"新月半"。新县人对过七月半之俗比较重视,但过节方式各地还有少许差异。

中秋节俗称八月节,也称八月十五。农历八月十五这天,中午或晚上合家欢宴,吃糯米饭、汤圆等,汤圆俗称"羹粑"。糍馍馍多用芝麻、豆类作馅,汤圆多伴猪肉、鸡、鸭、鹅肉炖食。晚饭后月上东山,银辉皎洁,千家万户便于庭院楼台摆上月饼、水果,一边吃一边赏月。农村青年多乘月夜"摸秋"、玩火把。所谓"摸秋"就是一群青少年在夜晚趁着皎洁的月光到庄稼地里偷采一些花生、红薯、板栗,回来打牙祭。记忆中,家乡有一首民谣:"月亮走,我也走,我给月亮提笆篓,一提提到姐门口。姐啊姐,快过来,八月十五好摸秋。"

记忆中有一首儿歌"红鸡公,过田埂,姥娘杀鸡我吃腿,舅妈杀鸡我喝水,表嫂杀鸡没见影"。这是亲情远近的生动写照。一见到有人杀鸡待客,我就情不自禁想起这首儿歌,可见印象之深。天空突变,哗啦哗啦下起雨来,放牛的小孩就扯着嗓子一边喊,"天老爷,你莫落(雨),我砍柴火你烧锅",一边不慌不忙地往家走。还有两首哄小孩的儿歌:"拍巴巴掌,正月正,正月十五玩红灯,人家的红灯玩罢了,我的红灯刚起升。""拍巴巴掌,穿红线。我给小×扎花辫,长长辫,真好看。"

手工匠人

农村有很多职业曾经很兴盛,他们是那些单纯从事农业生产的农民平时最羡慕的对象,好像他们从不担心挨饿,也不担心缺钱一样。而且他们在十里山乡里很受欢迎,被很多人所认识。择其要者,我这里简单介绍几种,顺便勾陈出他们现在的没落境地。

一、木匠

在农村,木匠是受人尊敬的匠人之一。我的记忆中,木匠一般都是居家的,如果有人上门来请,就到主人家住下来,做屋架、劈檩条、做门窗、打家具、做零碎;没有人请的时候,他们就在家里支上摊子,做椅子、凳子等小零碎,准备到集市上摆卖。

做木匠,需要有一些工具,当地农村称为家当。一般而言,斧子、凿子、锯子、刨子、钻子、尺子是六大件,此外还有墨斗、吊线葫芦、钉锤、钳子等。锯子有大锯、长锯、短锯之分;斧子也有大中小之分;高明的匠人,正是利用这些普通的工具,做出好看的木器。

木匠手艺中,拉锯是最简单又费力气的粗活。粗壮的圆木往往根据家具的不同需要变成长短不一、厚薄不同的木板,师傅先在原木上打上墨线,大锯就要按照墨线往下锯,两个人一扯一送,一来一去,一轻一重,"噌噌、沙沙"。"噌噌"是锯齿噬咬木头的声音,"沙沙"是锯木末落地的声音。

合缝、凿卯、扎楔是木匠活中三个最难的技艺。合缝就是将两块木板用胶粘在一起。高超的木匠可以将两块木板粘在一起浑然一体,几十年、上百年甚至上千年后仍可以保存完好。凿卯,又叫凿眼儿。在铁钉没有应用的时代,家具和房屋基本不用铁钉,转承和连接基本通过卯眼和木楔实现,手艺好的木匠不用精确计算,约莫估计能够凿出合适的卯眼,做出来的木楔与卯眼大小匹配,一套就严实牢靠,结实耐用,不容易松动,就像长上去的一样牢固。

木匠这活儿,更需要细致和审美,才能做出巧夺天工的家具。除了拉大锯、改板子、凿眼儿、刷油漆等粗活外,更多的是细致活。比如,给刚锯好的粗糙木板刨花,让表面光滑、平整,就需要沉浸多年才能推出一串一串洁白的刨花。把一块平淡无奇的木板镂空成各式各样的美丽图案,通过楔子把不同的木板严实地合卯在一起天衣无缝,既需要纯熟的手艺技巧,也需要具有审美的匠心。

如今,被称作能工巧匠的木匠越来越少了。现在的木匠普遍用电锯,家具的艺术含量越来越少,钢筋混凝土式的建筑也让木匠的生存受到较大的影响。什么样的木料做什么样的活,木匠心里最清楚。"桑木扁担梨木案,椿木门扇蛀不烂,槐木车辕松木橼,柏木棺材耐千年",就是一代又一代木匠传下来"因材施工,照木下线"的真经。

现在木匠很少会做合缝、凿卯和扎楔,因为三合板、五合板等材料使用广泛,用多大就裁多大,减少了合缝的工序。套木卯或镶木腿只用几个钉子就行了,谁还费时费力地去凿卯、扎楔?

正由于如此,现在的木工产品,用不了几年就裂缝断腿,让人看了极不舒服。当年那些乡村老木匠和他们那精湛的手艺已渐渐失传,特别是那在木料上镂刻与雕凿各种花鸟纹样、祥禽瑞兽、人物传说的看家本领的失传,使人为之叹惜!

二、篾匠

篾匠,是中国一门古老的职业,随着塑料制品的出现,篾制品几乎被淘汰,近年来随着人们环保意识的增强,篾制品又逐渐有了一定的市场。篾制工艺品也很受人们的欢迎。篾匠最重要的基本功就是劈篾,把一根完整的竹子弄成各种各样的篾,首先要把竹子劈开,再把它不同的部位做成各种不同的篾,然后用篾编制各种实用品,有时候也用来编制花样繁多的摆件。

能够成为"匠"的,说明在某行内算是手艺精的人。我的家乡有很多被称为篾匠的人。过去,篾匠手艺传承全靠师傅手口传授,外人很难入他们的行。把篾匠的全套手艺学精,至少需要三、五年时间,否则学不到手艺的精髓。当学徒一般是免费的,跟着师傅走村串寨,混口饭吃,但没有薪酬。

当学徒的第一件事情是给师傅打下手。当学徒的要眼睛亮、耳朵精,师傅有时候边做边说,要用心看,用心记,还要用一颗热情和孝敬的心哄得师傅开心多讲、多说。

篾匠主要为大众做一些日常生活与劳动中的必要物件,如箩筐、垸子、簸箕、挑篮、背篓、提箩、畚斗、筛子、竹笠、竹筷、竹碗、竹椅、竹席、竹床等；有时候也做一些生活摆件，如镜框、糖果篮、挂件、梳妆台、小鸟、针线箩、灯笼等。竹器一般牢固结实，经久耐用。普通人家的"吃、穿、住、用"人生四大件中，竹器的身影几乎无处不在。

篾匠一般都有一条黑腻的围裙，一只方形的竹箱。篾匠活是手上活，大多在膝盖上做，围裙是必不可少的。篾匠的工具主要有篾刀、竹尺、小锯、小凿、小钻等。篾匠独有的一件特殊工具是度篾齿。度篾齿分大中小号，但都不是很大，它像一把铁打的小刀，一面有一道特制的小槽，柔软的竹篾可以从小槽中穿过去。

篾匠的工作主要是砍、锯、切、剖、拉、撬、编、织、削、磨等十大工序。从锯成竹条，剖成篾片，到编织成竹编用具，要经过好几道工序。篾匠干活全靠手，辛劳也在手上。篾匠干活时要在拇指和食指缠上胶布，以便在篾刀一进一退中娴熟地劈竹、剖篾、编织。手就是篾匠的历史见证，双手成年累月编织竹器，一般都很粗糙，老篾匠的手更像树根一样。

提到篾匠，就很容易让人想到一个源于篾匠的成语——势如破竹。霍华在《乡村篾匠》中写道："破竹是篾匠的绝技，一枝笔挺的毛竹去枝去叶后，一头斜支在屋壁角，一头搁在篾匠的肩上，只见篾匠用锋利的篾刀，轻轻一勾，开个口子，再用力一拉，大碗般粗的毛竹，就被劈开了一道口子，啪的一声脆响，裂开了好几节。然后，顺着刀势使劲往下推，身子弓下又直起，直起又弓下,竹子节节劈开,'噼啪噼啪'响声像燃放的鞭炮。但很快,那把刀被夹在竹子中间,动弹不得。此时,篾匠师傅放下刀,用一双铁钳似的手,抓住裂开口子的毛竹,用臂力一抖一掰,啪啪啪一串悦耳的爆响,一根毛竹訇然中裂,姿势有舞蹈般优美。篾匠师傅破竹,像布店里撕布,潇洒利索。"

真希望能像篾匠这般把人生诸般难题"势如破竹"。我们家乡把破竹称作劈竹条。豫南的大别山区村庄大多依山傍水气候温润,盛产各种各样竹子。农村的竹子分为毛竹、细竹、山竹,毛竹以其粗大而难劈,山竹因其细小而难劈。

剖篾条也是比较难的一个工艺。就是把相对粗的竹条再细分,再弄薄。一根竹条可以用篾刀剖成10来根篾条,精巧的篾条可以做到细如发,薄如纸。篾匠破出的篾条分三等:篾青、篾黄和篾屎。最外面一层带表皮的叫篾青,不带表皮的叫篾黄。篾黄不如篾青结实,经常下水的用具通常都用篾青,如篮子、淘箩、筛子;生活摆件用篾黄。篾屎一点柔韧性都没有,不能编织任何东西,最后要当柴烧。据说,从青篾到黄篾,一片竹竟能"批"出八层篾片,篾片可以被剖得像纸片一样轻薄。

编织属于篾匠要掌握的灵巧的工艺。把骨架编好,然后再把一根根篾条编上去,最后成型。什么样的物件有什么样的套路,篾匠头脑中有固定的编织套路,各不相同,需要篾匠熟稔于心。一堆篾条,一会儿就能编成硕大的竹垫、编成圆圆的竹筛、编成尖尖的斗笠、编成鼓鼓的箩筐。

篾匠手艺高低,主要看灵巧、快慢程度。好篾匠的评价标准,看剖的篾片,粗细均匀,青白分明;编的物件,精巧漂亮,周正方圆。真正体现篾匠手艺的不是篓和筐,而是婚嫁用的那些竹编嫁妆,竹篾都是精细抛光的,上面的图案和文字都是用彩色的篾编出来的,手艺差的和手艺好的绝对不一样,我们一眼就能看出来。干这一行的都不会粗制滥造,生怕手艺差了让人看不起。

早些年,还可以看到走村入户上门给人家干活的篾匠。现在篾匠的身影在乡村消失了。只有在集市和庙会上,才能看到一些篾匠将所编的竹筛、竹匾、簸箕、竹筐、竹篮之类的东西挑到街上,进行叫卖。尼龙伞打碎了竹笠的田园牧歌,席梦思代替了竹床……篾匠正在逐渐退化为中老年人对农村的记忆。

三、瓦匠

瓦匠也称泥水匠、泥瓦匠,俗称为盖房子的,其实简单来说就是从事砌砖、盖瓦等工作的建筑工人。泥瓦匠是一种古老的职业,宋代朱熹《宋名臣言行录·张咏》中就提到过瓦匠:"有一瓦匠因雨乞假,公判云:'天晴盖瓦,雨下和泥。'"

瓦匠实际上还是一种技术性工作,经过简单训练后任何人都可以做的工作。但在农村,瓦匠还是需要专门拜师学艺的,要师傅"带一带"。砌墙抹土说来容易,做起来也不简单,土质适不适合夯土,夯到什么火候,砌的墙石灰线路是否直、平和干净都要反复练习才能掌握,看地形、画图纸、扯灰线更是需要师傅指点的。

在豫南的乡村,泥瓦匠是农民最喜欢干的一项职业,盖房子、建石拱桥、挖涵洞、打水井、建寺庙,用处挺大的。早期,农村有很多茅草房和土坯房,打地基、夯土、铺瓦是瓦匠最基本的本领之一。关于瓦匠的工具,我的记忆中主要有直尺、卷尺和瓦刀、吊线斗,另有锄头、铁锹和斧头、钢钎。

以前农村的居住条件很差,对泥瓦匠的技术要求没有那么高。如今很多农村也都开始建小楼洋房,泥瓦匠的工作需要与时俱进,于是他们也学会了贴瓷砖、装马桶等技术,懂得了钢结构、混凝土等要领。直到今天,在农村不论是盖土坯房、砖瓦房,还是个别人家盖的小楼洋房,也不会像城市这样去请专家学者或者测工搞论证和测量,其建筑队伍更不是某某建筑公司之类,顶多是十里八乡临时凑到一起的泥瓦匠外加几个力工,便在几声鞭炮声中开始了建筑施工。用的都是当地的木石水土,泥瓦匠们把泥和得越均匀越好,缝抹得越平越光越好。

有一次,我回到家乡看望同村一位兄长,正碰上他建新房子。他在原址上建了一栋三层的小洋房。穿过满地砖头瓦块的工地,看到一位瓦匠正在给他的新房子贴瓷砖,身上、手上都蹭了不少水泥灰。不远处,一位年轻人正在把 80 cm×80 cm 的瓷砖切割成腰线,气味刺鼻,切瓷砖的声音震耳欲聋。瓦匠的工钱在当地很高,但是这个活儿辛苦,一般人干不了。和水泥与砌砖、贴瓷砖都是单调得不能再单调的活儿。一块瓷砖加上水泥足有十几斤重,单手拿着都很费劲,还要贴得横平竖直,没有个几年工夫是学不到这门手艺的。自己一个人和泥、贴砖,连个说话的人都没有,实在没意思了就自己哼上两嗓子,算是给自己解个闷。

近几年,随着城市房地产业的兴起,农村很多人来到城市当起了建筑工人,也当上了装修师傅。在城市的叫法不同,在农村还是叫泥瓦匠。有的人比较活跃,善于交际,在当建筑工人和装修师傅的过程中,逐渐当起了包工头乃至老板,此是后话。

不管怎样,泥瓦匠的手艺总是与时俱进的,也随着时间淘汰一些本领。但过去那些心灵手巧的工匠还是少了很多。前几年,我们村里有人提议恢复原来"破四旧"时期毁掉的祠堂,却由于没有人懂得雕梁斗拱技艺而作罢。

四、铁匠

旧时,乡里人用的铁器农具差不多都是本地的铁匠锻造的。如镢头、锄头、镰刀、斧头等。如今这些东西都可以在商店里买到,虽没有铁匠打制的耐用,但看上去既美观又经济实惠,因此人们都非常喜欢,这就让越来越多的乡村铁匠铺停火关门,铁匠大都改行从事其他职业去了。

铁匠吃的是力气饭,如说没有力气,咋能抡得起几十斤重的大铁锤,并叮叮、当当在铁砧子上一抡就是一天,更何况长年累月天天如此。

当铁匠首先要练好打铁本领和拉风箱的基本功夫。拉风箱要学会边拉边看火候,待铁块软化后,就赶快放在砧板上敲打,待铁冷却了再继续加热,如此反复直至一件铁器形成,然后投入水缸中进行淬火。"淬火",《汉书王褒传》作"清水淬其锋",因此,为了使菜刀、镰刀、斧子、锄头等坚韧锋利,这道工序是必不可少的。"淬火"这道工序是铁匠行里的硬扎手艺,难度大,技术性强,因此,老铁匠传授给徒弟的真经就是淬火的技术。

我们镇子上,有一家闻名的铁匠铺叫易家铁铺,以"易家菜刀"远近闻名,他们铺里出产的菜刀,都要在上面烙上隶书"易"字。易家兄弟二人,老大是中学的语文教师,弟弟继承祖传"打铁"技艺。

在我们村里,从事打铁的只有一家,可以打镰刀、菜刀、锄头和铁锹、弯刀、火钳等农用铁器工具。如今在门口还保留着那个简易的铁匠铺子,只不过很久都没有派上用场了,几乎不再打铁做农具了。

五、石匠

20世纪50、60年代,乡村几乎家家都有一台磨面用的磨子,一家人一年吃的粮食,全都要从磨口中流出,石磨使用率高,也老化得快,所以乡村就出现了以錾磨子为生的能人——石匠。

石匠都背着一个褡裢,戴一副石头眼镜,褡裢装有铁钎和铁锤,他们走村串户,用手中的铁锤和铁钎把家家户户磨平的磨齿重新开凿,开凿磨齿时那四溅的石渣与迸出的火花时不时会伤害眼睛,所以戴在眼上的那副眼镜对石匠来说显得非常重要。

有些石匠专门替人刻墓碑、墓门,还有些石匠专门为人打造门槛石和石地板、石槽。有时候我们在乡村看到一些石拱桥,石条光滑并平整,石栏杆图案精美,很多就是石匠的杰作。

石匠吃百家饭,终年和石头打交道,他们养成了和石头一样朴实的性格,干活实实在在,从不因主家招待好坏而偷工取巧,从不为工钱而争多论少,他们从师傅那儿传承下来的只有一句话:"做人如石头,要实实在在。"

随着水泥预制板的出现,石匠的生存空间受到很大的挤压。乡村的石匠这个工种几乎消失了,但石匠剖璞取玉、点石成金,实事实做的性情与品行永存人间。

如今乡村的五行八作已经越来越少,身怀绝技的老工匠大都作古,乡村少了昔日的纷杂吵闹。每一种手艺也许都有它的黄昏,因为它将要消失了的命运,所以我们才这般牵肠挂肚。匠人的命运就是农村的命运,他们始终被一股神秘的、无法左右的力量牵着走在岁月里。

张贴对联

遇有喜事张贴对联是古老的风俗。

无论时代如何嘈杂混乱,无论生活如何变化无常,这个习俗总是那样的顽固和执着。

2010年,当我们看到各家各户贴上春联过年,怀着激动和急切的心情感叹习俗的力量时,却也发现这一习俗带上了时代的烙印。

对联的火红依旧,但过去千姿百态的字体以及家家不同的风格已经悄然不见,统一印刷的对联上了各家的门头,再也找不到乡村在20世纪70、80年代常见的那种应时应景的即时、即兴之作了。

不管是现在还是以前,对联在农村的应用都很广泛。举凡重大节日,生儿婚庆、寿筵哀挽、乔迁开业等都需要用对联。因而按照内容分,有喜联、寿联、挽联、春联、贺联等。对联由上联、下联构成,往往还有横幅。"忠厚传家远、勤劳富贵长"、"福如东海长流水、寿比南山不老松"是最流行的对联,"福寿延年"、"四季平安"、"喜鹊登梅"是最常见的横幅。

除了春联外,其他类别的对联要专门请人写,写的人可以收费也可以不收费。遇到结婚、起屋等喜事,写的人一般不收钱,收烟酒、毛巾、肥皂等,图个吉利。

因为春联是家家户户要贴到门上的,所以需求量非常大。以前,在豫南乡村的很多集市上,一到春节就有很多家卖春联的人。这些人多为农村老教师,互相之间也很熟悉。在集市上找个地方,摆一张桌子,放上笔墨纸砚,就算是摊子。既可以买现成,也可以按需要现写。现成的和现写的对联价格都是一样,70年代五分钱一副,80年代一毛、两毛一副,90年代五毛钱一副。21世纪以后,那种手写的对联已经很少,在市场上占据垄断地位的是印刷出来的对联,大大小小、红红绿绿任人选择,价钱也很低。

为什么手写的春联会在集市上不断消失?

一是印刷品的价格低廉,使得人工书写的对联成本高。随着技术的发展,印刷的对联更容易保持鲜艳的色彩,价格也比人工书写的对联便宜,农村人往往多考虑贴对联是应景需要所以只图实惠,因而在农村市场受到欢迎。

二是印刷品的可复制性可以让对联铺天盖地,极易大量生产。虽然豫南农村不是发达地区,但工业化时代的影响也是逐渐深入。

三是农村会书画的人逐渐稀少,富有欣赏价值的写手越来越少。20世纪70、80年代,农村会用毛笔书写对联的人很多,读过书的几乎都会写,字也不算差。可现在,高中、大学文化程度的人多了,能写毛笔字的人却少起来。特别近几年,突发的喜事、丧事很多,却很难找到现成的对联,也很难找到能写作对联的人。

　　这说明农村会写对联的队伍青黄不接。农村能写对联的都是一些老年人,他们大多经过旧时的对课教育,但现在很少年轻人愿意去学。写对联不能算是一种谋生的技艺,很少见年轻人有耐心去主动钻研这种技艺。农村会写对联的老人日渐凋零,而中青年人能写对联的更是少数。能够写的也是半路出师,遇到要用时也只能应付而已,对联作品多是陈词滥调,缺少新意。

　　当然,懂得对联张贴的人也越来越少了。近年来,一些印刷精美的对联被村民买回去后不懂怎样张贴,有的时候干脆凭感觉,上下联倒贴甚至串贴,出现了一些不该出的笑话,让人不禁感慨万千。

春节记忆

要说这几十年对春节的记忆,最难忘的是盼望过年那种兴奋喜悦和迫不及待的心情。

过年前,家家户户开始筹备年货。以前办年货,猪肉属于大宗年货。没有饲养猪的家庭要买猪肉,饲养猪的家庭就可以把猪宰掉。家家户户都要储备几十斤以上的猪肉,其中一部分用来晒腊肉。杀猪的过程我印象特别深。

大家齐心协力把一头大猪按在一张结实的小方桌上,然后屠夫眼疾手快,一刀扎进猪的颈部,血从猪的喉管里流入一个木盆里。猪的血放尽以后,把猪刮毛、破肚,取出内脏及油脂,分成两大块挂在梯子上,然后应主人的要求卸成一小块一小块,便于携带或者储藏。

可惜的是,和记忆中家家户户基本有猪的情况不同,如今满村子都不容易找到一头猪。养猪需要太多的时间和耐心,加上猪仔和饲料太贵,所以现在猪在农村也不常见了。

大年三十那天,人们可以选择在早上、中午、晚上吃年饭。吃年饭前,长辈(一般由父亲担任,爷爷在时爷爷担任)开始在供奉祖先的香桌上点燃香烛,献上祭品(猪头、豆腐、蹄筋),端上米饭,倒上白酒,随后在桌前给祖先和福禄寿、门神、灶神等一路神仙烧纸钱，最后一众男女面对祖先牌位下跪行礼，默默许几个新年的愿望。

这个仪式非常重要。以至于我离开家乡后的若干年里，每到大年三十脑海都浮现出这样的场景：主持祭祀的人神情庄重，我们在祖先面前静默下跪，蜡烛明光闪闪，晃来晃去；香柱像星星眨眼，忽明忽暗。这个仪式强化了我的记忆，也强化了我对家乡的情怀，更强化了乡亲对未来生生不息的希望。

在香火前磕头作揖后，大家纷纷来到院子点燃鞭炮。一串鞭炮缠绕在长长的竹竿上，点燃引线后就马上跑开。谁家的鞭炮放得长、放得响，当然是愈加欢喜。这几十年最明显的变化是，各家各户过年燃放的鞭炮越来越长，有的甚至买了一种巨型的炮仗，点放后声如巨雷，震得大地都在颤抖。

有人早上吃年饭，有人中午吃年饭，有人晚上吃年饭，所以大年三十那天，鞭炮声一直不断，你呼我应。此起彼伏的响声打破寂静的村庄，空气里便弥漫着迷人的火药香。爆竹声震天响起的时候，我觉得是每一个人心情最好的时刻。

淘气的孩子放起鞭炮鬼点子很多。有人故意把鞭炮放进酒瓶里，或者插在牛粪上。由于旧时土鞭炮的引线太短，往往来不及跑开，结果放炮的孩子被炸了一身牛粪，被大人训斥了一顿。情景虽然尴尬了点，但依然感觉到了快乐。在冰天雪地里，把鞭炮插在雪堆里燃放的往事成了我最难忘的春节记忆。

过年对孩子来说是最向往的事情，能吃到平时吃不到的肉了，可以穿上一年只能添一套的新衣（外衣）了。不管多么困难,家家户户还是努力给孩子们添置新衣。但不是每个小孩子每年春节都有新衣服穿,有时家里钱不多就省了。春节有新衣服穿是孩子心灵里最强烈的渴望之一。

大年三十当天有洗澡的风俗,文雅的词汇叫做"沐浴",意思是洗掉过去一年身上的晦气,干干净净迎接崭新的一年。2009年我们回老家过年,再次重温了这一切。不过,我们是专门到县城的酒店完成"洗涤污垢、焕然一新"的。

"沐浴"后,就要换上新衣。吃了年夜饭后,家家户户要烧起火炉,一家人围着火炉守夜,边说话边迎接正月初一的到来。电视后来普及到每家每户后,一家人围着火炉一边看春节联欢晚会,一边等候新年的钟声敲响。父母往往是在守夜的时候给压岁钱。一般是三元、五元,有些家庭是十元钱……不过压岁钱数目随着人民币的贬值程度一直自觉地增长。

"守夜"有的地方也叫"守岁"。零点的钟声敲响,家家户户开始放鞭炮,迎接新的一年到来。此前已经沉寂数小时的乡村突然如同岩浆爆发一般,响声如潮,一阵盖过一阵,一阵比一阵急促,间或有巨响冲天而起。这个时候放爆竹,原本是驱赶一种叫"夕"的怪兽,演变到今天成为除夕夜的一种仪式化习俗。这一习俗具有典型的象征意义,在这个必须要参与的仪式中人们自然强化了在岁月更替时求新、求变的主动意识。这旧的一年是怎么送走的,是鞭炮送走的;这新的一年是怎么来的,是鞭炮迎来的。

放完爆竹,家长要到堂屋重新检查一遍祖先面前的香火是否在燃烧,给祖先再点燃一炷香,算是"圆香"。除夕夜的灯火彻夜不息。每个房间都要点灯到天明,不准熄灯。以前家家户户点的是煤油灯(松油灯),后来家家接通了电线后,就用电灯代替煤油灯了。

几十年里,农村的春节每一年都有着不同的感觉。农村的老人回忆说,那时候物质条件虽不如现在,可也过得非常快乐。现在的年味少了,压力大了。不过一直到现在,杀鸡宰鸭蒸年糕、春联鞭炮压岁钱、走家串户新衣裳仍是农村春节常用的关键词。

春节要贴门神和春联。规矩是一扇门一个门神,一个门头一副对联。贴门神和春联的时间是在大年三十的下午,天黑之前。农村的房子,只有门楼和堂屋是两扇对开的门,且高大厚重,贴门神和对联最需要讲究。对联贴在门两边的门框上,门头上是横批,两扇门上各贴一个门神,一般有"武贴大门文贴内门"的说法,武将门神以"秦叔宝"和"尉迟敬德"、"张飞"和"关羽"最为常见。屋内的房门多是单扇门,只贴"麒麟送子"和"年年有余"的门画。

以前,我家春联都是手工书写。以前是父亲写,后来我写。自己到集市上买回一瓶墨汁、几张红纸,一折一裁就写了。可现在,我农村老家的春联也都是买来的。因为我不经常回去,即使回去了在集市上也很难买到笔墨,人工写起来实在太过于麻烦。

总体说来,以前的春联品种单一,纸质也比较差,现在的春联大多精美,纸质也比较好,烫金的、凸凹的、镂空的、套花的,可供选择的样式大大丰富了,不过俗气很多,语言千篇一律,没有原来的质朴和墨香。农村也很少有人去留心和品嚼春联中蕴含的文化气息了。

北宋时期的大诗人王安石有一首《元日》的诗:"爆竹声中一岁除,春风送暖入屠苏。千门万户曈曈日,总把新桃换旧符。"虽然距离诗人写诗的那个年月已经过去了上千年,每年的春节似乎还是这番景象。

大年初一,一大清早院子里的门、家里的门是不能关上的。村里同族的拜年客人一拨跟着一拨,真是热闹极了。毕竟新的一年开始了,这种相互祝福,无论如何是平头百姓一年中顶顶重要的礼节了。这种相传千百年的登门拜年活动,今天在手机和电话的影响下渐渐变得不同。虽还有登门拜年,但停留的时间短暂了,不那么热烈,不那么情愿。

吴陈河镇的北部有扶山寨挡住北来的寒风,南部有一座山峰峻峭挺拔的龚寨,一条清澈的玉带将小镇紧紧缠绕。这是一个浑然天成的地方。我的村庄在小镇南部,与小镇隔着一条河,一衣带水,在龚寨脚下。有人说,这是一块难得的风水宝地,山环水抱,藏风聚气。不过,再怎么优美的环境,再怎么宁静的乡村也留不住乡人了。他们散布在全国各地谋生,春节成为他们回乡的唯一时候。

春节不光是为了团聚,也是为了希望。时光如水,总是无言。

・故事

外祖母的村庄

小潢河是淮河南侧的一条重要支流,源于河南省新县的黄毛尖峰。黄毛尖属于大别山北侧的一座山峰。小潢河北流经新县城东,由城南转东北流,入光山县,穿潢川县,在潢川县孙寨附近注入淮河。全长 140 千米,流域面积 2400 平方千米。据潢川水文站实测,多年平均流量为 9.13 立方米/秒。由于上游地处大别山中低山多雨区,每当山洪暴发,最大流量可达 1200 立方米/秒,易造成短期水患。

为治理水患,新县响应毛主席"一定要把淮河治理好"的号召,举全县之力,在小潢河的源头修建了一个大型水库。大坝建在香炉山下,故名香山水库。大坝从谷底拔地而起,气势恢弘,如同一道天墙。水库内波光粼粼,清幽剔透;岸边林木葱翠,水雾迷蒙,宛若世外桃源。

外祖母的村庄就坐落在新县最大的水利工程——香山水库大坝下面,是个自然村。这个自然村叫刘畈村,由于人口很少,只好和小潢河对岸的蔡畈村共同组成一个村民小组,在行政区划上属于新集镇林冲村,位于县城东 12 里。在旅游经济热兴起后,新县把香山水库更名为香山湖,并专门成立了香山湖旅游管理区,与乡镇相同行政级别,直属县人民政府管理。

小潢河从村前流过,冰凉而清澈的河水常常可以看见自在的小鱼儿一会儿在东,一会儿在西地游来游去。岸边丰盛的水草曾经是我们童年放牛的"牧场"。

在举国上下隆重庆祝纪念改革开放 30 周年之际,我再次回到我成长的乡村。眼前不再是记忆中的熟悉情境,面对这一陌生世界,我突然意识到家乡发生了巨大的变迁,特别是我的外祖母所在的自然村。

刘畈村只有张、卢两姓,解放前是三个家庭,现在繁衍成 9 个家庭。村名虽然叫刘畈村,但不知是因为战乱避祸还是其他什么原因,却一户刘姓人家都没有。村前小溪的南边山坳上,只留下了刘家的坟墓,坟墓上枝藤缠绕,杂草凄凄,每年清明时节刘家也没有人来扫墓。

我的外祖父姓张,是一个勤劳能干的人,言语少,但实在,讲信用,是一个受到十里八乡的乡亲承认的能人。在他的勤劳持家下,即使在 1959 年最困难时期,我的母亲和她的兄弟姐妹们都没有挨过饿,"连个米汤都没有喝过"。过大集体时期,他正好当生产队长,力所能及地改善了生产队集体食堂,并偷偷分了一些粮食到各家各户。这在当时冒了极大的政治风险。

"现在有一些上年纪的人还念他的好,几个光棍汉在当时还娶上了光山讨饭来的女人,是你姥爷当家留下她们的。"我母亲对我们说。

我的外祖母姓余,是 1926 年出生的人,和我的外祖父是青梅竹马的表兄妹关系。她和我的外祖父一生共生育了 10 个子女,其中有9个长大成人,4个儿子5个女儿,我的母亲排行第二。如今,外祖母的9个儿女也在岁月中逐渐老去,我的大舅——她最大的儿子在我写下这篇文章时已经67岁了,最小的女儿同样也43岁了。

1970年,外祖父正当壮年的时候,突然得了一种怪病,卧床不起,在县城医院住了一两个月时间,不见好转,离开人世。可能是肝癌,也可能是肺癌,如今,我的母亲也说不上来他到底是患了什么病。外祖父去世以后,她独自一人担起家长的责任,直到1995年离开人间,患得却是心脏病。

后代继续在那片土地上繁衍。我的大舅——外祖母的大儿子17岁就结婚成家了。外祖父去世的那一年,他已经和大家庭分家,添了两个孙辈。大舅一共有5个孩子,2男3女。

除了大儿子早早结婚,外祖母在外祖父去世后主持了8个子女的嫁娶。从20世纪70年代开始,国家施行了计划生育政策。从大舅以下,外祖母的其他8个儿女都开始了计划生育,除了小舅是3个孩子以外,普遍都是两个孩子。

我的母亲是在外祖父去世一年后嫁给我父亲的。当时,她的亲事遭到了很大反对。其中一个原因是,外祖母的村庄婚姻圈都比较近,亲戚圈也一般不超过二十里。我母亲嫁到吴陈河乡龚洼村,地理距离上已经超过五十里,而且这地方更加贫困,人地关系更为紧张,普遍连温饱都不能得到保证;更重要的是,因为知识、视野的问题,他们对男方家庭一无所知,较少的信息让他们难以放心。对那个时候的山村来说,五十里已经是很远的地方，走亲戚串门诸多不便，亲戚之间也很难形成便利的照应关系。在交通不够便利的时代，这在当地属于远嫁了。上一辈的"四姑"卖童养媳远嫁到淮滨县。那是一个同属豫南地区的县，县城在淮河边，常常要经受雨季洪涝灾害的考验。在还没有电话等通讯工具的年代，"四姑"很长时间没有音讯，谈不上互相走动和互相照应。我母亲决定嫁给我父亲的时候，她"四姑"留下的阴影还在。

外祖母第二个女儿嫁到泗店乡余冲村。那个村庄离村庄十二里，是小潢河源头处的一个小村庄，外祖母他们把那个村庄称为"山里"，这个村庄四周都是连绵起伏的高山峻岭。婚姻的形成来自于上一辈亲戚的介绍、撮合。三女儿嫁到附近的艾洼村，小女儿嫁到邻乡的韩老湾，婚姻的缔结都有媒人介绍撮合的功劳。四女儿在大女儿的介绍下，也嫁到吴陈河乡的龚洼村，对象是大女婿的堂弟，我的一位堂叔。

外祖母的四个儿媳全部来自附近村庄。大儿媳娘家是钟畈村，是外祖父决定了这场婚姻，我的大舅当时并不喜欢，年轻时候夫妻俩经常打架，但并不妨碍日子过下去。二儿媳娘家就在本生产队，但属于一河之隔的蔡畈村，她和我的二舅却属于自由恋爱。因为同一个村庄，她在外祖母的注视下从一个小女孩长大成一个大姑娘，然后嫁入外祖母家。三儿媳的娘家在八棚村，四儿媳来自县城郊区的夏畈村。亲家的距离全部不超过5里地。

孙子辈们的婚姻对象，地理距离大大增加了。如今，有三个孙女都嫁给了外地人,孙女婿家庭分别在固始县、商丘县、开封县。这些外地人之前根本没有在刘畈村出现过,是孙女儿们在外地打工过程中认识的,关系稳定以后才携夫婿双双回到村里办手续。他们遇到的阻力已经较小。既有老年人的无奈,也有时代变迁中的观念变化。当然,这些婚姻行为都是在外祖母步入生命后期才出现的,有的则在她老人家过世以后。

新中国解放时期,外祖母一家有正房3间,草屋两间,是外祖母9个子女诞生的地方。这个屋子现在被称作老屋,就在村头一条无名小溪的南岸,一面紧紧面对巨大的山崖,一面远远对着小溪水。20世纪60年代末,外祖父带领一家人在池塘边盖了一座新屋。新屋有5间正房和两间偏房,墙体是黄泥土夯实而成,背靠长长的山岭,总体坐北朝南。新屋和老屋相距百米左右。

外祖父去世的时候,大舅已经因为分家搬离新屋,在小溪南边的老屋住下来。二舅结婚时,家庭又新盖两间小屋。不久,三舅、小舅又相继结婚。在分家析产时,二舅分得两间新小屋,三舅一间正房,小舅一间正房。村庄依然延续分家析产的古老传统。90年代后,大舅、二舅的几个儿子都相继娶妻生子,随后分家析产,各过自己的日子,形成小型化的三口、四口家庭。

几十年以来,最大的变化就数住居条件了。二舅90年代盖了新房。新房属于砖木结构,一排五间,屋顶是水泥平浇而成的。三舅搬到县城附近建了一套新房。小舅在五间土木结构的原址上盖了5间砖木结构新房。村口有一个大池塘,大舅在池塘后面的山坡上也新建了五间平房,房子也是砖木结构。卢家表舅也在自家的房址上建成一座崭新的水泥平房,有独立的院落。

自然村是邻里凝聚的基本单位,它们就像是一个高度自治的社会,村民们在世代自我因袭的习俗中生活。由于刘畈村人口较少,相对比较团结。一旦与外人争吵,他们会齐心协力地上阵。如果有人退却,这个人就会被骂成"孬种",受到兄弟姐妹们的鄙视。

当然,由于村庄的狭小和对外交往的局限性,内部也有一些争吵。有的是因为鸡毛蒜皮的琐事,比如话不投机,比如喂养的猪吃了对方菜园的菜。争吵是最常见的冲突方式,打架是比较少见的冲突方式。大多数冲突不过是个人之间的摩擦,但有时候也会发生在家庭之间。争吵往往局限在一个相对狭小的范围之内,并能在一段时间后和解。

和解的时机一般在亲戚做客的时候,因为村庄有一同会客的习惯。共同的亲戚来了,他们会邀请其他兄弟和侄子们一同吃饭,他们一起就有共同劝客人们饮酒的义务。这个义务不需要明说,人人尽知。客人自远方来,他们是作为共同的"主人"(zhǔ dāo)出现的,维护的是整个村子的声誉。当然,在经济条件不允许的情况下,主人为招待买的酒并不多,饮完之后就不再劝了。

我的印象中,村庄很早就有赌博的传统。早期推牌九、抓长牌,后来打麻将、斗地主,花样层出不穷。赌博方式随着时代变化,但赌博的娱乐性质一直没变。他们要靠这种生活打发劳作以外的时光。20世纪90年代,派出所的民警大力创收,每逢夜晚就要借抓赌的名义抓打麻将的人。不管村庄多么偏僻,崎岖的小路在漆黑夜晚多么难走,他们往往都会如神兵天将。可即便这样,仍然阻挡不了村民对麻将的热爱,只是村民们在随后的十多年里打牌都变得相当谨慎。因为麻将的碰撞声在山村寂静的夜晚里穿透力极强,所以村民们就在桌子上垫上厚厚的布以防止声音过响,而且还把棉被挂在窗户上,防止院子外的人听到、看到。

80年代末期开始,村庄里开始有人出外打工。外出的打工者把城市的观念和行为带回了农村,导致一些传统和风俗在悄悄地改变。改变体现在,对以前鄙视的行为现在变得可以容忍与接受,如对打牌、赌博的深恶痛绝,由以前的排斥、抵制到几乎现在的全民参与。以前,利益面前人人消极谦让,现在为了争夺利益人们往往面红耳赤。以前,人们对自己获得的意外利益往往有一种感恩思想,现在,对于不劳而获的受益,部分人却有一种心安理得的心理。

外祖母的后代所受的教育

外祖母成长于战乱年代,经历过土地革命和抗日战争,在担惊受怕中生活,从未进过学堂门。1949年新中国成立以后,她短暂参加过基层政权举办的妇女识字班,但是识字还是不多。不过,她却把她的子女都送进了学校。解放初期很多家庭还不愿意送孩子去读书,大多数人愿意选择读扫盲夜校。

但外祖母的9个长大成人的子女——我的母亲和舅舅姨娘们,受教育程度普遍不高,大多数是小学程度。我的四姨学历程度最高,读到高中一年级,因为厌学而不愿意再继续读下去。她在上学期间就养成爱看杂志的习惯,经常买些《大众电影》回来看。学历最低的是二姨,小学二年级还没有读完就辍学务农了,用大舅他们的话说,大脑"钻子都钻不进"。他们的配偶,也普遍文化程度不高,但平均高于外祖母的儿女。我的三位姨夫还读过高中。

外祖母的孙辈们——我的兄弟及表兄弟姐妹们,受教育程度的差异性比较大。这种差异既有时代发展的因素,也有重视程度的原因。比如,从地域上看,我家所在的吴陈河乡人口多土地少,普遍重视读书;而外祖母所在的村庄人均土地较多,粮食充足,生活安逸,普遍不重视读书。从时代上说,子女教育的重视程度随着父母的受教育程度增长,对子女的期望随着时代要求而水涨船高。

外祖母的孙辈中,在受教育程度上,早出生的人普遍低于晚出生的人。大舅家的五个儿女,只有我的大表哥学历最高,也只初中毕业。80年代后出生的人明显受教育程度高一些,教育程度普遍是初中以上,这可能与国家强行推进九年义务教育政策有关。国家的九年义务教育政策在家乡的农村得到了有效落实。但即便义务教育政策落实,但由于父母认知程度、教师师资力量、本人智力程度以及志向的差异,农村孩子的成才率也远低于城市。

我们兄弟俩是外祖母孙辈中最早重视读书的人。我和弟弟从初入小学就学习很好,然后顺利升入初中。我的小升初入学成绩是全吴陈河乡第四名,我弟弟的小升初成绩是全吴陈河乡第三名。那时候,全乡的小学生毕业要会考,考试成绩要张榜公布在大街的闹市上。闹市上的公告常常引起各村前来赶集的村民驻足观看,他们会把口讯带回村庄。我和弟弟都享受了这种荣耀,听着大人们讲"这伢学习不错,是读书的料子"时心里美滋滋的。初中毕业后,我和弟弟分别先后考入信阳师范学校和信阳卫生学校,离开了家乡,迁转了户口,从此跳出农门。

我考上信阳师范学校的那一年,收到录取通知书比较迟。那时已是9月中旬,乡间的中小学早已开学两个星期,我和父母的心里早就忐忑不安。我的初三班主任陈老师拿着我的通知书敲我家门的时候,我还在农田里收割稻谷。如果没有考上这个学校,也许我的人生将是另一条道路,也许会和许多年轻的农村兄弟一样背上行囊走向远方,而不是在教室里学习杜甫"无边落木萧萧下,不尽长江滚滚来"的诗句。

毕业后我被分配到本县一个乡村学校教书,我弟弟被分配到河南医科大学工作。我在读师范学校的时候,就已经开始参加高等教育自学考试,毕业不久就拿到河南大学汉语言文学的大专文凭。毕业后第三年,我又脱产读了河南教育学院中文本科,然后考研,直到读完博士。我弟弟后来也读了郑州大学的医学研究生,在中山大学获得博士学位。

我的表兄弟姐妹中间,除了我们兄弟俩之外,二姨夫家的表弟小飞也具有代表性。我们从小读书优异,一路读上去没有生出一些意外的枝节。可是表弟小飞却在父母巨大的期望中黯然失落,出乎很多亲戚的意料。

小飞表弟小时候读书成绩很好。二姨夫决定以我们兄弟为模本,准备把他培养成材。为了让他更好地接受教育,二姨夫一度运用各种关系把他从乡镇中学转到县城重点中学就读。在20世纪90年代,很多农村父母还不会这样做。但在初中阶段,小飞表弟却成为一个逆反和厌学的少年,学习成绩一落千丈。

二姨夫为了改变家庭经济条件,在40多岁时,以房屋为担保,举债出国务工,一去南非博茨瓦纳就是好几年。表弟因为父亲不在身边,所以缺少了必要的管教。这个少年对父亲电话里的唠叨似懂非懂,但是他转过身去却又抵挡不了内心的放纵与惰性。越过半个地球的电话没有威严和震慑,更无法针对这个少年有的放矢。

就这样,表弟小飞最终没有通过考学改变命运,而是被送进了兵营。在一个征兵季节,二姨夫送他去当了兵。农村孩子如果要当上兵,要动用不少关系,送不少礼,请很多客。当兵期间,二姨夫寄望表弟能好好表现,通过报考军校等途径再次改变命运。可不知什么原因,表弟最后还是如期退伍,回到家乡。

退伍后无所事事的他,一边和父母一起承包香山湖水库的养殖,一边学会了打牌赌博,和父亲的那种疏离还是时时刻刻表现出来。为了一个成人的担当,他到广东当了一段时间的保安,然后跑回家乡报名上驾校学开车,想以后当一名司机,那种内心深处对财富与地位的渴望无法掩饰。但他在当司机期间却遭受了一个意外的车祸,这个车祸让他手脚断裂。

听我的妈妈说,小飞即使在病床上躺那么久,都没有听到他呻吟或者"哼"出一声,内心其实并不缺少坚强。他出院以后,回到家乡静养,有时候还拄着拐杖,和村邻们一起快活地打牌,没有众人预料到的颓废、低迷,这让众人还颇感欣慰。

三姨夫家的曾岩表弟小时候比较顽劣,但学习成绩一直都很好,在城关二小就是优等生。他高中毕业后考入天津城建学院,主修建筑学专业。三姨夫的泥瓦匠职业可能对他的专业选择发生了深刻影响。对于农村孩子来说,考上这样的学校已经是不错的了。教育资源不均衡现象越来越严重,农村的师资力量和教学质量和城市有很大差距,农村的孩子挤进精英大学是那么的不容易。他的家里经常摆有麻将桌、牌桌,人来人往和嘈杂的声音并没有影响到他的学习。这一点也算是幸事。

一篇题为《无声的革命：北京大学与苏州大学学生社会来源研究（1952～2002）》的学术论文揭示，"出身越底层，上的学校越差"，这一趋势正在被加剧和固化。另一个统计也表明，教育部直属的高校中，农村生源的比例仅为30%左右，而且还在继续减少。在中国的历史上，通过知识改变命运的寒门学子往往被传作美谈。一个负有责任的政府应当努力营造一个有利于向上流动的社会环境和氛围。30多年来，底层个体命运的转型一直在和国家的转型共舞。现在，国家还在努力改变，他们的改变相信也不会陷入停顿。

他们的谋生方式

土地被世世代代耕种着,养育了一代又一代的农民。但现在,土地上的收入不再是农村的主要经济收入来源。

无论是我的村庄还是外祖母的村庄,40岁以下并从事农耕生产的壮年劳动力几乎少见。共同的现象是,留守在家里从事种田耕地的人大多是50岁以上的男人、妇女,年龄最大、仍在耕种田地的农民已经70多岁了。即使有一些40岁以上的没有出远门打工的男人、妇女也在附近从事商业、建筑业或者手工业,他们农忙时才回家帮助播种、收割。

50岁以下的男人、妇女们哪里去了?

毫无疑问,他们到城市去了,到异乡去了。即使留守在家的人,也很少有人养殖猪和耕牛。20世纪70年代和80年代,农村几乎家家户户养一头两头猪。收成好的时候,家家宰杀肥猪过大年,做腊肉。遇到困难的时候,找来屠夫卖掉猪,接济家用。当时的农村,有一句俗言:"穷不丢猪,富不丢书。"2010年春节我发现,刘畈村几乎家家不养猪,甚至连平时食用的蔬菜也要到集市上购买。

对我的表兄弟姐妹们来说,除了出生地和居住地是农村以外,所谓插秧、犁田、耙田、打谷、收麦、播种、育秧、种菜等农活早已生疏无比。

生长在农村,却不会农活?他们今后将如何生存?

这真是一个很复杂的问题。

刘畈村的村民中,舅舅这一辈男子5人,尚有耕田的2人。二舅一直到他意外身故的那年,还在耕作。我参加他的葬礼的时候,看到储藏室堆积满满的粮食和菜园一片碧绿的蔬菜,心里更添悲伤。与二舅一样,卢家表舅也一直在耕作,自己种菜自己种粮,是少有的仍能自给自足的家庭之一。我的大舅已经68岁了,无力进行耕作和养殖,农田靠大女婿代种。三舅、四舅干脆抛荒,不耕种,全家搬到县城居住。他们都早已不靠农业收入来维持家计,支撑家庭运转的基本是"打工经济"。

表兄弟这一辈,早早进县城、外省打工,通过当瓦匠、修鞋、修摩托车谋生养家,农活早已生疏,劳作也难当大任。前几年,我的表哥和表弟们远赴意大利出国务工,表嫂和一个表弟媳远赴日本打工,每年寄回来外汇养家。男人长期在外,家内只有妻子儿女,更是无人耕田种菜。

表兄弟的儿女都被送往县城读书,远离田地。对于孩子们来说,农村的天地只是他们成长道路上的生活空间,自己只需要念书读书并无农作的需要。那弯曲起伏的梯田,最终还得靠人耕作,但靠谁呢?

时空转换中,人的经历和选择都在变化。社会变迁让村庄里的人获得了更大的流动性,也获得了更大的改善经济条件的机会。我的表兄弟姐妹与他们的儿女们因而与农活渐行渐远。

虽然他们外出打工,包括到国外打工,也需要投入很大的精力,辛苦程度不逊于耕田,但他们依然义无反顾地离开。

因为,他们熟悉的村庄已经不是他们所熟悉的环境。大广高速公路从小潢河边上穿过,压了大片土地,一些美丽的小山被挖平,低洼的农田被填平,未占用的田地大多数长上了荒草,少数田地被一些闲不住的老农民种植。假想他们来耕种土地,又哪有足够的可耕种土地?

二舅家的大表弟给我讲起他的经历:

"我们去意大利用的是旅游签证,一下了飞机,就有人来把我们接走,直接拉到工厂。因为没有合法签证,去了只能待在工厂里,不敢单独外出。每天早上起床很早,吃完早餐后马上干活,中午没有午觉睡,午餐时间1个小时,晚上还要加班。由于工种不同,很难比较哪个更辛苦。不过工作都很单调、乏味。"

表弟不到30岁,脸上和手上已经满是深深的皱纹。他去的是意大利,这一去就是8年的时间。8年时间里,孩子生下来,长大上学了;父亲意外去世,没有见上最后一面,也没有参加操办丧事。这么多年是怎么样过来的,又是怎么样过去的,他叙述起来,从语言里已经不能觉察出当初的那种痛苦了。

他的眼神平静,因为遗忘。

"家庭在这里,老婆孩子在这里,我还是想快点挣足钱回来啊。"

表弟的眼睛在火光下闪闪发亮,隐约透出一种痛苦。我理解这种痛苦,作为父亲的痛苦,作为男人的痛苦,彼此交织在一起,填满了他在他乡的头脑,构成了对家乡的思念。

"离开家乡的人就像一叶风筝,飞得再高再远,风筝的线总是握在母亲的手中。"一位诗人这样说过。表弟希望通过他的外出,为子女接受良好的教育创造条件,可子女们却因为他常年不在身边缺少必要的父爱及管教。

意大利天遥路远。表弟在去意大利打工的8年时间里,中间只回来过2、3回。每次短短的团圆时间,分配给妻子、孩子的时间并不多。

从孩子的角度看,表弟的孩子正是当今中国备受关注的"留守儿童"群体。常年见不到父亲,他的儿子从一出生注定就是一个生活孤寂、日子单调的小男孩。很难想象一个父爱长期缺失的孩子长大了以后会怎样。不过,他和孩子的心中都有一种希望。

从妻子的角度看,他的妻子正是渴望"性福"的"空房妇女"群体。与丈夫的长期分离,目的就是要改变家庭的经济条件,以便生活得更加宽裕。一个理由支撑了他们的信念。几年下来,夫妻俩总共见不了几次面,心里的孤寂相互都知道。

我们总是被电视、报纸、网络上的感人故事感动不已,却从未仔细观察和留心我们的亲戚、朋友。

大表姐和表姐夫早年也长期在外打工,他们的处世哲学就是活着,活着比什么都重要。他们的念想、希望就是下一代。可下一代却听不进他们简单却又重复的劝解,更不喜欢寂寞的村庄。

大表姐的女儿梅子曾经对我说,她不喜欢读书。后来,她勉强读了一个大专后,一个人坐火车离开家乡去了广东深圳。在轰隆隆的火车上,她给我打了一个电话,说:万一在深圳找不到工作,就来佛山投奔我。此前,我帮她联系了一家五星级酒店,酒店通知她上班,她却嫌佛山太小而拒绝了。

大表姐和丈夫背井离乡外出打工为的是改变下一代的命运,不再为穷困所扰,不再以"农民"的身份承受自上至下的社会歧视;女儿只身离家也要改变父辈强加在自身的出人头地的命运,脱离土地和活得敞亮的梦想照亮着年轻的心灵。

他们不曾想到,两代人的经历如此相似。老的一代已经因为逐渐衰老而不得不龟缩回村庄,女儿却又在重复父母外出打工的老路。世世代代生活在村庄的农民不依赖土地了,不再干农活了,这种巨大的社会变迁已经彻底改变了两代人。但我相信,这不是最后的结局。

对被裹挟进城市化洪流的农民来说,这不是他们的罪过。

耶稣说:人纵然赚得了全世界,却赔上了自己的灵魂,为他有什么益处?上帝啊,求你垂怜这片土地上的人们。

乡情缱绻,往事如昨。我内心深处仍希望拥有一个依旧运转良好的乡村社会,人们在那里能够勤于农作,怡然自乐。

留守的孩子们

2010年3月23日,福建南平实验小学门口的血案震惊了中国。一名中年男子手持砍刀,连续砍伤砍死了13名小学生。事后,有一名网友写了一首《妈妈,我不想走》的诗。

其中一节写到:

> 妈妈
>
> 你为什么在哭泣
>
> 今天我又惹你生气
>
> 是我没有完成作业
>
> 还是我偷偷在玩游戏
>
> 你打我吧
>
> 你骂我吧
>
> 千万不要把我抛弃
>
> 妈妈,拽紧我的手
>
> 我不想走

读完诗后,我的泪水情不自禁。词句让我想起汶川地震死难孩子的书包,更想起我那些还在家乡的表哥表姐、表弟表妹的孩子们。他们是文学作品、新闻报道、学术著作中的"留守儿童"。

一想起他们,我就感叹,我们生活的这个世界真是一个非常不完美的世界。这个世界里,生活在乡村的孩子和生活在城市里的孩子是多么的不同。

城里的孩子在潮水般的信息中和父母的严格监管下,知道了饮料中含有塑化剂,三鹿奶粉中含有三聚氰胺。可茫然无知的农村老人经常拿着价格低廉的饮料、奶粉、零食喂养他们的孙子孙女,在食品安全方面缺少足够的警惕心理和防范意识。

不仅仅是这些。

留守的孩子,最大的残缺是教育。

父爱与母爱的缺失,是农村孩子们成长道路中教育的一部分。父母总是走在离家和回家的路上,总是处在归航与启程的转换中。对那些孩子来说,父母的远离使他们缺乏管束。放学以后,他们追逐,他们玩耍,把作业和功课抛之脑后。更野的孩子,他们上网,打架,逃课。

农村的孩子,父辈远离乡土,使得他们在缺少父爱、母爱的道路上成长。正是这样,农村的孩子们比城里孩子更容易被网吧、逃课诱惑,进网吧、逃课给他们带来短暂欢乐。网吧的存在虽然缓解了他们的孤单感,却加重了他们内心的阴郁和狂躁。他们是在错误的地方寻找"爱"。

每个人内心深处都藏着渴望得到他人关注与赏识的天性。那些孩子就通过打架、逃课等极端的方式希望引起关注,宣告成长。他们的叛逆与反抗,其实是在拼命表达对生活的不满。

"我从16岁的时候就开始吸毒了,这是我成长道路中教育的一部分。"史密斯飞船乐队主唱史蒂芬·泰勒在他的自传《我脑中的喧嚣打扰你了吗》中写道。史蒂芬·泰勒是美国教父级摇滚乐歌手。我在报纸上读到这段文字的时候,情不自禁想起外祖母村庄里的那些留守孩子。父母远离不是他们成长道路上的一部分吗?

农村孩子中间,能够最终成才的凤毛麟角。一些农村的孩子成为混混、懒人、恶人,根本满足不了家长和社会对他们的期待,就好比工厂流水线上生产下来的废品、次品,一些人甚至成为城市里的外来未成年人罪犯。

如果不做出改变,一部分农村孩子的未来仍然无法逃脱"阶层再生产"的命运。可以想见,他们长大以后不过是既无吃苦耐劳品性又无制度庇护的90后、00后农民工而已。

他们成人以后走进城市既思想单纯,又心理脆弱。之前,他们在农村没有半点的精神储备,也没有能力解决现实中的任何问题。现实社会的急功近利和不择手段,促使他们铤而走险。也许,困顿路上听到几位老乡的几句话,可能对他们的人生产生直接影响,远比学校里学到的微积分或者品德课都有用得多。

留守儿童是社会问题,父母的内心却是最受煎熬。

任何父母都满怀着对子女的爱以及对未来的希望。父母们离开农村,踏上拥挤的列车去城市打工、务工,然后在春节千辛万苦回到家乡,像候鸟一样甘心受苦,动力就来自这种爱和希望。可是,由于工作环境、薪金报酬、生活成本等条件的限制,他们不得不把孩子留在家乡。

二表弟的孩子1岁的时候,发了一次表面看起来非常普通的烧,因为耽误了最佳治疗时间,最后转化为脑膜炎,送到武汉急救才侥幸捡回性命。在小孩子被病痛折磨的时候,他的父亲还在广东佛山打工,当时毫不知情。

大表姐夫妻二人长期在广东南海打工,他们有两个儿子,都放在老家让老人带。其中老大已经上三年级了,学校布置的家庭作业经常不去完成,有时候还跑到外面上网打游戏,学习成绩不好,惹得表姐长吁短叹。

大表姐的小儿子刘健,从一出生就没有在父母身边生活,表姐打电话回去,孩子远远跑开,并不想与父母多说。这其实是留守儿童与父母之间关系的常态。因为忙于生计、远离乡土,他们与子女间筑起了一堵不可逾越的高墙。尽管他们都想表达出爱,但仍然亲情生疏。

我的二姨夫也曾经告诉我,他在外出的几年,心里最放心不下的就是上初中的儿子。这孩子已经进入青春叛逆期,横冲直撞,我二姨已经有点管不住他了。而他常年在外,长久父子不见,两人关系也变得有点生疏,给孩子讲道理孩子不是不听,而是心里听不进去。

很多父母每年只有春节回家一次。虽然在父母返乡过年的这段日子里,每一个小孩都有一种无言的幸福。但,幸福总是很短暂,而孤独、无助和贫穷、乏味却要长留身边。很多家长想利用春节这短暂的时光给孩子完整的爱,显然是靠不住的,没有效果的。

春节在一个亲戚家拜年,听她讲述了一个家长的事情。

这户人家原来全家在乡下住,父母两个人长期在外面打工。为了让女儿接受更好的教育,他们把女儿送来县城读书。一个县里,最好的教育资源已经集中到县城。在县城读完中学,才有希望考进重点大学。两个大人在县城里租好房子、交了学费,安顿好女儿后,才搭上出远门的火车。

没想到女儿在县城读书,没有了约束,被光怪陆离的校外世界所吸引,经常在网吧出没,和坏孩子一起玩,导致成绩下降,还交了混混当男朋友。这一切情况,身在外地的家长都不能有效掌握。

有一年,大人回家过年时,发现十五岁的女儿已经有几个月的身孕,当即火冒三丈。大年三十的晚上,父亲再次教训女儿,他们的邻居清晰地听见了绝望的棍棒声和哭泣声,和外面不时传来的鞭炮声交织在一起。

对可怜又可气的女孩来说,父母回来完全不是想象中的团聚,而是严酷的审判和无情的责罚。但看到父亲胡子拉碴的脸和失望的眼神,那位女孩突然读懂了父母风尘仆仆背后的辛酸,有一种父爱如山的感动,也有一种无法从头再来的悔恨。

那个女孩没有请求父母原谅,她被父母那种失望、恼怒的眼神压垮了,她选择用喝药结束生命的方式离开人世,把父母对她的爱遗留在土地上。爱的表达方式千万种,世界上怎么可能只有一种。不错,父母责怪了她,但这也是爱的一种表达,父母的责怪不是让她放弃生命的理由。可能那个女孩觉得,活着已经无法承载这种沉甸甸的爱。

　　为了家庭经济条件得到改善,为了让孩子得到应有的教育条件,父母不得不离家外出打工。在世上所有的劳役之中,只有为儿女所服的劳役是父母最为心甘情愿的。但事实是,孩子又因为疏离而得不到关心和照顾。如果孩子不能如父母期望的那样顺利成才,父母的外出打工则变得毫无意义。这真是人生的一种困局。

　　有一天,我的一位大哥、大嫂突然给我打电话,内容是咨询婚姻家庭法律知识。这个咨询却让我啼笑皆非。大哥大嫂絮絮叨叨的,没交代头也没有交代尾地说有一位女孩子的家长、亲戚找上门来,问我怎么办?经过一个多小时的通话,我终于弄明白原委。

　　他们的儿子在县城职业高中读书,读书期间和一个女孩子好上了。他们不住学校宿舍,而跑到校外去同居了。两个高中生只顾贪欢,却不懂得避孕。女孩子一不小心就怀了孕,在没有察觉中肚子越变越大,终于到了纸包不住火的地步。女方家庭找上门来,不是要兴师问罪,而是要他们的儿子娶这位女孩,想把一场偷尝禁果的行为转化为一桩合法的婚姻行为。当时侄子是19岁,女孩子更小,才17岁。

　　我在电话里说,两个人还不到婚龄呢,这么小的年龄结什么婚呢?哥嫂着急地说:人家说了,先按农村的规矩办婚礼,等到了婚龄再补办结婚证也是一样。

　　婚姻法规定的最低婚龄是男22岁,女20岁。不过农村的结婚与否,以是否周知亲友、举办婚礼为准,而不是以拿不拿结婚证为准。即使没有进行婚姻登记,只要按农村习俗,办一场婚礼,就算是结婚了。

我了解这个农村规矩,就说:既然这样,你看孩子们愿不愿意啊。

他们的未来会不会让这场婚姻改变呢?

哥嫂基本算是法盲,他们一边在电话里发牢骚,一边紧张地向我打听,如果不同意结婚,孩子会不会因为流氓罪去坐牢。我一阵劝慰,然后帮他们解答疑惑。最后开玩笑地说,这么年轻就有孙儿孙女了,那你们当爷爷奶奶还真年轻啊。大哥、大嫂却在电话里唉声叹气。

我的脑海里马上想象出一个稚气未脱的孩子怀抱孩子的景象。

那些留守在家并长大的孩子们啊。

我的村庄我的家

我的村庄在新县吴陈河乡。

吴陈河乡位于新县的西北部,距离县城22公里,有18个行政村。吴陈河乡古名稽家店,民国以后才改名吴陈河集,解放以后设乡,在我出生的时候还叫公社,现已经由乡改镇了。20世纪70、80年代,吴陈河乡是我们全县人口最稠密的乡镇之一。

我们龚洼村是吴陈河乡的一个行政村,与吴陈河乡政府驻地一衣带水之隔。行政村共有4个自然村,13个村民组,3094口人。四个自然村分别是龚洼、吴湾、陈河、谢冲。4个自然村土地相连,分别住着龚、吴、陈、谢四姓,除吴、陈两姓不通婚外,相互之间存在着姻亲关系。4个姓之间村民见面,相互之间以亲属相称。

龚洼自然村是单姓村落。族谱记载:"吾族安籍弦山之南,大别之阴。……世居古稽家店,今名吴陈河集之南,村名龚家洼者,上下两湾,不下数十家,皆以耕种为业,犹有买牛佩犊之风焉。"

弦山是光山县的别名,大别就是大别山。

龚氏先民与附近村落的先民一样,都是清初从江西迁徙而来的,在这片土地已经世居了三百余年。明末清初,河南省是李自成、张献忠等农民起义军掀起的战乱波及地区,人口锐减,土地荒芜,后急需人口填充恢复生产秩序,清政府强制江西省向河南信阳地区进行移民,所以当地有"湖广填四川、江西迁河南"的说法。

村庄的土地不是很宽广,但沟沟坎坎都有命名。一个小土丘都有一个很诗意的名字。兰草洼,想必是一个曾经兰草遍地的地方;牵马洼,想必曾是一个牵马放牧之地;马槽石,因一块形为喂马的石槽而得名。村庄出口处有一条小溪,命名大西河,不了解情况的人还以为是一条很大的河流。

村庄位于一座东西走向的低矮山岭南侧的山洼里,住着四十多户人家,住房大都背山朝南,整体格局呈现出一种闭合感。村庄的选址和布局,据说受了赣派风水的影响。村庄对面也是一个小山岭,名曰油栗山。我的家在油栗山的北坡,油栗山也是一座低矮的山岭。两座山岭之间称为山冲,是依次的稻田。稻田一直毗连到一座名叫龚寨的山脚下。

我家有土屋四间,整体坐南朝北。冬天总是有寒冷的北风在屋子外呼啸。房子建于1975年,墙体是运用夯土技术的土砌墙。前面是水稻梯田,左边是一片竹林,右边是一片茶林,房子后面是一片杉树林。梯田对面是一座平缓的矮山岭,宛如一张平整的书案。山岭后面就是一座宛如笔架的山,这就是龚寨山。

山顶常年长满了茅草和荆棘、野花。满山遍野的野花,如约而开,或者凋谢。有一些人和它们一样,守在村庄的土地上,看一茬茬的庄稼长熟、收割,有一些人匆匆上路,向南向北,向东向西,他们在远离家乡的路上负重前行,一步深过一步,一样地遇到风雨,一样地受到磨难。

童年的时候,因为放牛或者砍柴,我每年都爬上去十数次。站在山顶,可以眺望周围的世界——山脚西边,一片片梯田和坡地绿色盈盈,村庄大部分隐藏在一片竹林后面,但可以远远地看见我家的房子。北边山脚下,一条小河静卧,从高处看不到它的流动,只看到它绕着小镇像一条丝带。再远处,一道道山峦,阻隔了视线。山上还有一种野生的兰草花,香气袭人,它们在山上顽强生长,生生不息,永远等待人采摘。坐在自家门口,随时可以抬头看到这座山。晴朗的天气里,它头顶的天空蔚蓝;变天的日子,它头顶乌云密布。无论我们挨饿还是饱餐,悲伤还是欢乐,它都静静矗立在那里,不悲不喜。

吴陈河乡人口多,土地少,即便收成不错,在人口缺少向外流动的情况下,每年也有好几个月的断粮期,20世纪70年代它是全县有名的吃救济粮的乡镇之一。救济粮按人口份额分配到每一户家庭,其实是少之又少,而且质量很差,很少有大米、小麦面粉。很多时候,乡粮管所发放的救济粮是荞麦面粉、玉米面粉、高粱面粉。这些品种一点不符合我们的饮食习惯,很多家庭都不知道该怎样做。

我们村的土地更加紧张,三四百人口蜗居在一隅,人均耕田不足半亩。农作物主要包括水稻、小麦、油菜和红薯。村民主要从土地上获取收入。即使在1980年代开始实行家庭联产承包责任制以后,我们村生产的粮食也不够每家每户吃,一年至少还有两个月左右的缺粮时期。丰收的年份,村民也不敢大手大脚。

饥饿成了我们最深刻的记忆,吃红薯度日成了家常便饭,吃南瓜饭成了我们最清晰的回忆。

在饥饿岁月,母亲常对我们说:"你们若是不好好读书,将来就只好跟在牛屁股后面,连个饱饭都没的吃。"对一个人具有决定性意义的教育是童年。所以,我们很小的时候就懂得忧愁,夜晚有时睡不着,就偷听父母在黑暗中说话,有时已然入睡,却被父母之间的争执所惊醒。他们一发现我们醒了就停止了争吵,但他们的表情骗不了我们。家庭的影响可以持续一个人的一生。看到母亲难过,我们都在心里暗暗发誓要好好读书。

实行承包责任制以后,生产队的生产工具包括打米机、耕牛、犁具等都分配到户。我们家卖掉耕牛的那一年,曾经在种责任田上遇到麻烦,只好去邻居家去借耕牛,平整、翻动土地没有牛怎么行呢?由于我们村人均耕田比较少,所以都是几户家庭共同养一头耕牛,每家按人口数出份子钱。借牛需要一家一家去说,每家都要说通。借牛要负责牛的草料,用完之后再一家一家去感谢。

由于流动,我们村庄里的人已不再全部蜗居在农村刨食。他们出现在中国乃至世界的各个角落,可能是制造工厂的工人、广告公司的职员、建筑公司的泥瓦工、某个大学的老师。城乡二元体制切割造成的壁垒,早已被流动和季节性迁移弄得支离破碎。在这个新时代里,流离已经成为我们村庄乃至广大农村的新秩序。

村庄的土地

> "因你,我们富裕或者贫穷
>
> 河流从远古而来
>
> 我们因你而注定了一生的痛苦
>
> 我们的皮肤因你而黝黑
>
> 我们的肌肉因你而强健
>
> 因你,我们成了农民
>
> 我们播种或者收割
>
> 岁月是如此的宁静充实
>
> 在午后阳光的重压下
>
> 我们抬起倔强的头颅……"
>
> ——农民诗人孙善鸿《土地》

20世纪70年代,是很多重大事情发生的时代。

县、公社大规模的农村宣教活动都落实到农村,给农民的感受就是有很多城里人来到农村,和大家一起干活、上工,晚上开会还给大家开形势教育和政治辅导,下雨天还给不识字的文盲上扫盲课。先是农村出工前要背毛主席语录,吃饭前要背毛主席语录,然后是开展批林批孔运动,接着开展农业学大寨运动,到处修水库，挖梯田。

1976年，送走周总理后，朱德委员长也与世长辞。农民敬爱的毛主席也在1976年秋天逝世。

那天，龚洼生产大队正在鼓足干劲农业学大寨，在偏僻的两山之间修建一座小型水库。"备战备荒为人民"的彩旗迎风飘舞，现场喇叭不时播出劳动竞赛的新闻稿。"某某生产队提前完成土方任务"、"某某社员忘我苦干病倒在工地上"……广播突然停止，然后庄重宣告毛主席逝世。于是，正在劳动的农民们哭声一片，有的人还捶胸痛哭，他们把对领袖的真诚泪水洒在土地上。

从来没有见过那么多人在同一时刻，做同一件事。跟着父母在工地旁玩耍的一群孩子们都吓蒙了，其中也包括我和弟弟。当时我5岁多，我的弟弟3岁多一点。虽然记忆已经模糊，但我至今忘不了当时农民在伟大领袖辞世时迸发的真实情感。时至今日，一些老人对毛主席仍充满了崇拜和怀念之情。

在家庭联产承包责任制以前，农村的一切土地都是集体的，很少自留地、自留山。从信阳向新县输送电力的输电站占用的是我们村的土地，在当时是无偿的，只解决了一两个年轻的村民的工作。

村的土地名义上分为田、地、山、塘。土地按肥沃、贫瘠程度分出不同等级。不同地区的等级和类型又有差别。在20世纪80年代初全国农村承包责任制的风潮中，人们将土地分配得非常彻底，除了池塘保持集体共有外，各村把田地和山林都分到每户。农村俗称"单干风",早期的时候,人们对农业生产的积极性很高,稻谷、小麦和红薯、油菜的亩产量节节上升,极大地抚慰了人们饥饿的肠胃。当时,一些被视为"懒汉"的农民欣喜若狂,无不感到身心上的自由。"当初开始分田地的时候,确实感到非常高兴啊。觉得以后想上工就上工,不想上工时可以在家睡一睡懒觉,没人管了。"

但人们同时也发现,在集体劳动中混日子的时光也一去不再有了。如果不热爱劳动,责任田的收成会很差,会重新陷于吃不饱并挨饿的境地。

土地承包以后,村民之间因为农业生产的明争暗斗多起来,比如旱地、水田的引水、排水问题,比如牲畜的放养问题,按法律术语来说,就是相邻关系上的纠纷多。村干部经常被村民喊去"评理",解决纠纷。

沟渠、水库、池塘等农业和生活公共设施却因为分田到户后缺少及时的打理。分田到户后的头几年,乡、村还组织维护。90年代以后,政府对经济活动的关注和个人对政绩的在乎导致更加没有人去认真理会农业公共设施的闲置与破败。再者,政府的社会动员能力远不能和过去相比。

在以前,对宅基地、公路、工程占用土地控制得比较严格。进入21世纪,"征地"、"拆迁"、"补偿"等字眼频繁地进入农民的议题。这一切源于农民无法阻挡的城市化浪潮。

城市化过程中,官员、商人都看到了土地的价值。对经济利益的追求成为农村集体土地转化为城市国有土地的主要推手,成为各种力量最终一致行动的药引。因为村庄自治组织和乡政府、县政府都要从土地出让金中受益，所以哪怕有国家30年不变的集体土地承包合同在手，作为集体中的个人——单个农民根本抗拒不了。一边是经济条件短期内明显改善的现实诱惑，一边是村干部和乡镇干部反复不停地劝诱和恐吓。而且，农民们的心态也是各异，自家算自家的帐，全然没有一个整体的利益主张。

新县县城从90年代邓小平南行讲话后开始了加速扩张的步伐，因而县城周边的村庄遇到征地问题的次数频繁。对我而言，感受最深的还是外祖母所在村庄发生的变化，在我内心里引起了强烈的震撼。

外祖母的村庄距离县城还有12里路，中间有重重山峦阻隔着，过去根本看不到城里的灯火，夜晚寂静的就像是一座沉睡的海。我的记忆中，秋虫唧唧和狐狸叫声是夜晚不眠时听到的主要声源之一。

一条名叫"大广"的高速公路现在改变了这一切，大庆到广州的高速公路贯通南北，其中一个出口就在外祖母所在的村庄。为了修建这个出口，工程遇河填河，遇山开山。弯弯曲曲的小潢河边，以前那条溯河而上的小山路不见了，一路上的景致不复存在。

宽阔的水泥公路一端连着县城。公路两旁，原来种植庄稼和蔬菜的土地上，都盖起了整齐划一的新居民楼。两层高的独栋小楼一户挨着一户，家家都装了自来水、煤气灶，装了马桶。

外祖母所在的刘畈村离他们失去土地的日子也不远了。

大广高速公路的修通,使得村庄的土地炙手可热。据说,县城的职业高中和新林茶叶公司也都将搬来我外祖母所在的村庄。村里的农民在征地补偿上意见不一,有的干脆不同意被征地。在两方利益的博弈下,作为村民小组代表的二舅献出了生命,眼泪汪汪的舅母和无助的表弟承担起继续生活下去的责任。伤害他的那位凶手已经被判了10年徒刑,在冰冷而枯燥的监狱里待上一段不短的时光,他的老婆和孩子也将在缺少丈夫、父亲的日子里生活。

在城市化的浪潮中,人们只看到了眼前的利益,却看不到利益背后的忧伤。

村庄在初春的阳光底下,依然是无辜地静立那里。可视野尽处,车流在"大广"高速上来来往往,村庄后面的山峰已经被削去半边,土壤已经裸露,地面平整,只等建工厂、搞开发。有的亲戚神情悲戚,看着远处一脸茫然。

进入21世纪以来的这些年,县城的城区在不断地长大,不断地向以前的乡间蔓延生长。我也是在出席二舅葬礼的那天突然发现,站在村庄的山坡前就能看到城里人家的灯光了。一个世世辈辈都在这里熬日子的村庄就这样被改变了。

我们在珠江三角洲和很多城市的周边已经看到这样的景象:昔日的田地已经变成一片一片的厂房和高楼大厦,机器轰鸣,车流鼎沸。

没有想到,豫南山区的农村也能看到这种巨大变化,在我们的内心引起的惊恐超过以往。因为村庄以前的面目活在我们心中,我们表现出的吃惊和引发出的反思,如此关切老村庄的命运,是因为我们内心有一种"关心则乱"的心理,大势所趋的历史洪流中我们担心的是失去心灵的理想家园。

在失去和即将失去土地的时间里,更多的农民是用他们的顺从、无声和不可思议的耐心在忍受这种被动的命运安排。在呈现给城里人沉默、老实的背后,有很多不为人知的纠结与悲苦。他们身上都有一种与生俱来的安静气质:平和、宽容和克制,就像故乡那一片沉默的土地。

村庄的婚姻变迁

20世纪70年代,村庄的交通、通讯条件比较落后,除了少数在外的"公家"人外,大多数村民与外界的联系较少,农民通婚的地域范围也比较小,婚姻对象基本被局限在村庄与其附近村庄之间,婚姻圈基本是一个以村庄为中心,不超过20里为半径的圆圈。

超出这个半径的就是例外,当时整个自然村里只不过3例。一个妇女是江西人,她和丈夫在修建铁路时相识、结婚,在1962年全国精简城市人口的运动中,她和丈夫扶老携幼回到村庄居住,由于娘家远在江西,她在去世前就没有回过娘家探亲。一个妇女是光山县寨河乡人,娘家距离我们村庄有80余里的路程,前夫在三年"自然灾害"时期去世,她改嫁到我们村庄已经有40多岁了,嫁到我们村后,和前夫生的儿女有时候还来探望。另一个就是我的母亲,虽然娘家和夫家同属一县,但两地已经相距50里,超出最常见的20里婚姻圈了。

80年代后,越来越多的农村男女青年流向城市,很多人不再在村庄的传统通婚圈范围内寻找对象,而是选择在工作地恋爱、结婚,跨县婚、跨市婚、跨省婚等等各种远距离婚姻不断出现在村庄里。我们村庄里的男子,有娶了信阳、固始、光山妇女的、有娶了郑州、新乡、安阳妇女的,有娶了江西、四川、湖北、浙江妇女的。我们村庄里的女孩,有2个嫁到北京郊外山村的,有1个嫁到广东高州的。无论是娶进来,还是嫁出去,大多数都是自由恋爱。传统通婚地域的超越与突破,不仅仅是人口流动这个因素,还有婚姻观念的更新和思想眼界的放开等因素。

农民通婚圈不断扩大是社会趋势,但同时也导致附近各村庄的相互联系和来往大大地减弱,导致对邻近村庄里的变化知之甚少。曾几何时,婚姻作为创造和巩固家族村落之间互相联系的机制,一直有利于维护村落之间的和睦相处,也有利于促进一个地方的治安稳定。

我的一位学生,家庭四兄妹,大哥娶了一个湖北女孩,生了两个小孩。二姐嫁到了江西。他们都是在打工期间结识的。情定以后,他们一般到男方老家按照当地习俗摆一次酒,领一个结婚证。学生她自己也嫁到了江西,夫家是赣州人。两个人同在东莞的一家工厂打工,因为打工之余互相聊天、来往而渐结情愫。她一边打工,一边鼓励男朋友勤学苦读,不要放弃人生理想。她的男朋友在她的勉励下刻苦学习,最终考上一所北京高校的研究生。她也和男朋友最终喜结连理。

人口流动给农村婚姻带来很大冲击,农村的婚姻家庭也渐渐失去稳定性。订了婚退婚的,退婚要彩礼的,结婚又离婚的,结婚又打闹的,各式各样的矛盾层出不穷,因为婚事发生争吵的纠纷与日俱增。很多家庭变得非常脆弱,也容易发生情感危机和养老危机等问题。有一对年轻的夫妻,结婚以后经常闹矛盾,夫妻俩负气出走各自打工，谁也不理会亲生小孩的死活，可怜的男孩只好由年迈的爷爷奶奶在家养育，孩子的姑妈也偶尔过来看望。那些婆婆们最喜欢感叹世事不古，说什么"指望儿媳像婆婆一辈那样伺候老人端茶倒水做饭什么的，想都别想了"。

以前，农村的家庭真的比较稳定，离婚现象少。我的记忆中，我们村庄从70年代到80年代只有一对夫妻闹离婚。

这对夫妻是我们的邻居，就住在我家对面，在村里论辈分，我还要叫他们叔叔婶婶。他们是经媒人介绍并撮合而缔结的一对夫妻，结婚前基本无感情可言，婚后一段时间里也是日子平静并无涟漪。直到有一天，我的这位婶娘发现自己深爱的仍是一位远方表哥，两小无猜的他们曾经在青春期互生情愫但后来却各奔东西。虽然她已经在夫家生育了一对儿女，这种感情仍无法遏止。

1980年代初，某年某月某一天，我的这位婶娘在回娘家的路上邂逅了她的表哥。两人一谈话，我的婶娘发现表哥还没有结婚，一直对表妹痴情不改。于是，这位大胆的女子回家后毅然向丈夫提出了离婚，虽然当时一双儿女已乖巧可爱，但她在感情上仍不肯认宿命。她的丈夫，我的叔叔暴怒，从此对她进行打骂，施加暴力，但就是不同意离婚。为了和心爱的人在一起，她即便被丈夫暴打多次，但仍未改变决心。

有一次，她到集市上赶集，直到中午才回来，没有准时做午饭。丈夫责骂时，她忍不住还了几句嘴。结果丈夫暴怒起来，丈夫一边打一边骂"叫你去见野男人，我打，我打"。她当时就被打得鼻青脸肿,卧床了一段时间。我母亲去看她的时候,她的小女儿当时只有五六岁,就站在她的床头呜呜地哭。

那时,离婚的过程真是很漫长。这场离婚战中,大队支书有来劝说过,妇联主任来劝说过,七八个妯娌也来劝说过,娘家一干人也有来劝说过。我的那位婶娘一边听着劝说,一边展示着累累伤痕。她已经心如铁石,坚定了离婚的心,谁的劝说都没有用。

我听过她在媒人前哭诉:"当初你说亲来,何曾听了我的意见。眼见我过着这生不如死的日子,你也不搭救。"

媒人是她娘家的姑姑,也是她夫家的婶娘。媒人当初说合这门亲事,主要是家人贪图彩礼丰厚,并没有经她同意,她的性格也很软弱、态度也不坚决,就这样嫁了。

经过了长达好几年的拉锯战,最终他们还是离了,儿女归了丈夫,她净身出户,只带走了自己的衣裳。以后,哪怕心里对一双儿女还是很牵挂,她也坚决不走进我们的村庄。她的决绝是因为当初对天发了一个狠狠的誓言。

时光荏苒。如今她的儿女都已经长大,各自成家立业并在外面长期打工,我也离开家乡近20年了。大家天南海北,很难见面。我听说她的儿子已经生了儿子。想当年,女方离婚往往会背负着一个不好的名声,女方往往会承受着村里的闲言碎语。因而,至今我仍对她充满了同情,对她的勇气钦佩不已。当时,很多妇女在丈夫的打骂面前只知道忍受,更何况争取爱情自由。

现在,即使在农村,离婚也不会再艰难。我们的小村庄里,离婚的事情也极为常见。一个堂弟,三十五六岁年纪,已经经历了 4 次婚姻,最近一次婚姻在 2012 年冬天完成仪式。每次婚姻都给他带来一个小孩,他带着老婆远赴广东打工,孩子都丢给年迈的母亲抚养。一个堂侄,结婚不到 15 天就闹着离婚。

时代已经发生沧桑巨变。回忆往事,对比现在,我对当年的那桩离婚案依然有一种感慨。

20 世纪 80 年代前,人口流动的频率较小,婚配地域范围也受到较大限制,因为这给青年男女的交往带来空间障碍。再加上我们村土地较少,经常处于温饱问题不能解决的境地,所以在当地婚姻市场上,我们村属于"高不成低不就"地区,外村的好姑娘不愿意嫁来。两个年轻的男子不得不去给人当上门女婿才能解决单身问题。我们村还有 8、9 个光棍汉,除了个别人有痴呆、结巴、瘸腿等毛病外,多数光棍汉相貌堂堂,一表人才,只不过家庭条件太差,"穷得叮当响"。如果处在人口流动大的当今时代,他们也不至于成为光棍汉。

邻近村庄通婚的比较多,一般是亲戚介绍的多。早期的结亲观点,女儿离娘家近一些有利于互相照应,亲戚间拜年、礼节来往不至于辛苦。由于多数村庄是单姓自然村,与村外的通婚基本靠亲戚、朋友、邻里介绍。同姓不婚,是自古以来的明确禁止。所以,本地的传统也是同姓村民之间不通婚,同姓之间若有恋情发生,往往会被宗族视为伤风败俗的事情。我们村处于乡镇附近,交通相对比较方便,到集市交易也很近,也是吸引偏僻山区的女子嫁入我村的地方。一些上了年纪的妇女就说自己当初嫁到村里来,很大程度上就是考虑到本村的地理位置较好。

村里还出现过换亲。两个女人都是为了解决哥哥的婚姻难题,明知对方比自己大8、9岁或者10来岁还舍身出嫁,到夫家互相给对方当起了嫂子。换亲的这户家庭是富农家庭,当时地主、富农这些成分高的家庭,在婚姻市场上不被看好,不得不采取换婚的方式来解决婚姻难题。这已经是20世纪70、80年代的往事了。

村里也出现过入赘婚。不过这几十年,只有一个例子。这个家庭只有一个女儿,上门女婿来自附近村庄,他们生育的儿子一个随夫姓,一个随母姓,那个随母姓的孩子按照本地习惯写入了龚氏宗谱。

80年代中后期,村里开始有人开始外出打工,90年代中期开始,村里外出打工者迅速增多。主要原因是70年代出生的人逐渐长大。村民外出打工的地域主要集中在广东、江苏、浙江和北京。稍近的地方包括郑州、武汉和平顶山,在煤矿挖煤的有几个。自此,婚姻的对象变得复杂起来。

村庄中,越是年龄大的人,他们的婚姻就越不自主;越是年龄小的人,婚姻的自主成分就越大。最早时,有一部分村民反对子女在外地找对象,他们希望子女通过媒人介绍在本地寻找对象。这些反对外地婚姻的村民主要是考虑女儿嫁到外面的风险大,不可靠,因为难以摸清对方的底细,很容易上当受骗。不过,父母反对归反对。当子女在外打工找到对象之后,只要他们双方情投意合,父母即使反对也无济于事。

80年代末,我的一位堂姐到北京打工时,被当地的一位农民看上,软磨硬泡最后成婚,她的父母几年没有承认这门事实婚姻。即使闺女带着小孩不远千里回来探亲,他们也避而不见。但父母终究改变不了这个现实,还是帮助他们开婚姻证明,进行户口迁移。

90年代后,农村青年的择偶自主性逐步增强。越来越多的青年倾向于在外面找对象,而不需要通过媒人介绍。以往,青年人自己私下谈婚论嫁,会遭到村庄舆论的非议与唾弃。现在,青年人在打工时找到对象并将对象带回家,被村民们视为能力、本事的表现,不用父母操心的一种成人标志。也有一些年轻人即使在外打工,也还是回到家乡找对象。他们往往利用春节回家探亲时间在父母、媒婆安排下跟对方匆匆见上一面,如果双方初步印象不错,那就开始谈婚论嫁,迅速完成了婚事。这时候媒人介绍主要是使双方有认识、接触的机会,谈不谈得成还是决定于双方自己,而家长也只提供参考性的意见,婚姻大事由儿女自己做主。以往,走亲家、串门成为一些农民的选择,现在却因为儿女婚姻而改变。村庄乃至地域内的社会关联日益松散,亲戚、邻居之间的互动下降。

70、80年代初期,人口流动较小,农民仍像其祖辈那样,世代居住在一村一庄。农村家庭婚姻习惯上由家长安排,也征求个人意愿。比如和媒人一起去男家"瞧家"回来后,一般母亲会问:"你看上这个人没有?你觉得这户人家如何?"这就是父母征求意见,一般也不会将自己的意志强加在子女身上。

20世纪70年代,农村还比较保守,男女嫁娶还信守"明媒正娶"的传统。大多数人都还要通过亲戚、朋友、媒人穿针引线,这样才显得正式。即使个别人自由恋爱、私订终身,也要托请媒人上门提亲,把两个人的谈婚论嫁转变成一个经过明媒正娶的婚姻。70年代,农村的生活水平都差不多,婚姻中虽然没有"门当户对"一说,但也有家境好坏之说。媒人把意愿传递到双方以后,如果女方有意,就要进入下一个环节,到男方"瞧家"。虽然名义上是上门相亲,但也有考察男方家庭、男子长相、言语、文化的意思。为了促使婚姻缔结,有些男方家庭不惜弄虚作假,向邻居借家具、借房子、借人的都有发生。当时的农村,女方比较抢手。母亲经常说:"哪怕女的瘸脚瞎眼,哪见过女光棍嫁不了汉。"

90年代后,观念在悄悄改变。农村的婚姻自主性更加增强。自由恋爱、私订终身的现象很多。男女青年的文化程度一代比一代高,一般都有初、高中毕业,有的还是大学毕业生。他们的思想比上一代人更加开放,自由恋爱是主流,父母的态度也很开明。农村的很多青年人再也不会"一谈定终生",而是往往要经历过几次恋爱,来寻找自己满意的归宿。随着农村青年普遍出去读书、打工、经商,还有电脑的普及、网恋的出现,不同地区青年男女接触的机会大为增多,通婚区域更为广阔。

70年代的嫁妆很少,80年代的嫁妆也没什么新意,常见的有穿衣柜、长条桌、梳妆台、小方桌、木椅等"大件",也有脸盆、镜子、暖水瓶、被子、衣服之类的常备物件。好的家庭流行"三转一响",陪嫁有收音机、自行车、缝纫机、黑白电视机等农村新兴物品,不过这已经是80年代末才有的事物了。90年代的嫁妆增添新花样,组合柜开始出现,彩电、洗衣机、冰箱、电扇等也逐渐出现在嫁妆中,家境好的还有一台摩托车。彩礼随着时代逐渐涨价,70年代几百元就不得了,绝对是大礼,80年代算起来大概也就是一两千元,90年代的婚事涨到四五千元,21世纪后彩礼已经动辄上万了。有一些女人心疼夫家日子难过,在结婚的当天又偷偷把一部分彩礼钱带回夫家。

90年代后,无论是本地婚还是跨市婚、跨省婚,都要在农村摆一场喜酒。现在的婚礼,多数省去了办嫁妆、抬嫁妆以及上门、回门等礼节,越来越向城市婚礼仪式看齐。如果两个人在外面打工,孩子都生下来了还没有办酒,有可能就这样稀里糊涂地过下去。

农村市场今昔

农闲季节,大家最喜欢逛集市。集市就是大家拿商品到固定地点集中摆卖从而约定俗成形成的市场。

这种集市有点古代的"朝市"味道。早上七八点钟人们开始汇集,中午十二点前后散市。十里山乡的人都把去集市买东西叫做"赶集"。70年代的吴陈河乡老街,民居大多是青瓦屋顶,木板门面,肮脏的街道,狭长的巷子,时不时还有一堆猪屎或者牛粪。

为了错开交易时间,周围的乡镇分别在农历单、双日子举行集市。据说这种做法从解放前就开始了。当时,我们乡的集市是按农历的单日子举行。最近邻的光山县晏河乡、新县浒湾乡的集市是农历双日子开市,新县千斤乡、陡山河乡集市是农历单日子开市。有头脑的小生意人或贩卖商品的人,就骑着自行车带着货物今日去一个集市,明日赶赴另一个集市,通过两个市场的价格差赚点钱。

1970年代,物品十分短缺,买粮要用粮票,买布要用布票,买糖要用糖票,买酒要用酒票,买肉要用肉票。一些紧缺的商品比如种子、化肥、钢材等大件商品,更是要凭计划供应,到指定的商店才能买到。集市上多以农产品为主,都是附近村民自产自销的产物。

集市在春节前异常热闹和繁华。因为那时人们都要上集市购买"年货",人们礼尚往来的拜年礼品也是在集市上采买的。七八十年代的时候,农村普遍经济条件拮据,这些礼品农民都舍不得自己消费掉,往往东家拿来,送到西家。因为人家拿过来总不好意思原样送回去,转来转去商品就过期了。这种情况随着改革开放进程日益好转。各家拜年的礼品日渐丰盛起来,从一样到多样。

在集市上,老一辈的农民喜欢比较价格。他们往往只接受低价商品,牌子、包装都不重要,只要能吃能用就行。对牌子、生产日期、生产厂家没有概念,就是看实用、划算就买。他们也懂"一分价钱一分货"的古朴真理,只是经济条件力有不逮。

外出打工的年轻农民返回家乡,也把挑选真货假货的知识带回家乡,这种对商品质量毫无选择的现象才逐渐加以改变。电视里不时播放的假酒、假烟等新闻也是导致观念、行为改变的一种强大力量。大量假冒伪劣商品在农村出现,一方面是由于监管人员心有余而力不足,另一方面是农村的购买力和鉴别力不高造成的。

新县县城更是人们向往的购物地。七八十年代,那里满载了一个农民眼中的城市繁华,一些洋气的稀罕物和紧要物资只有县城才能买得到。但每个乡镇到县城每天只有两班客车,人们到县城的次数仍然很少。从我的家乡到新县客运站的车票只要5角5分,农村的人们还是感觉票价难以承受。

80年代以前,客运站还在老县城的中心,背后是西大山,正面对百货大楼、红旗大楼,右边小桥是依山而建的电影院,左边50米是县公安局,不远处就是县委县政府、政府招待所。

"的确良"曾经是那个年代第一畅销的布料。它是一种化纤织物,经常稀缺到只有到县城去买的程度。"的确良"做成的衣服笔挺滑爽,耐穿易干,不用烫,不褪色。那时,"的确良"就是流行风,穿在身上就是时髦洋气的象征。人们对"的确良"的热爱与追求不亚于现代的年轻人热捧"苹果"手机。我的父母自己不舍得穿"的确良"衣服,却在县城红旗百货大楼扯了一块布料,给我和弟弟各做了一件"的确良"衣服,我们一直穿了好几年。

如今人们在超市买菜,菜摆在货架上自己挑选,价钱、质量自己看,买东西卖东西之间不会有太多的交谈。可20世纪70年代的时候,集市却是一个充满人情味和真实感的地方。卖菜的人大多是乡镇驻地附近的村民,以妇女为多。哪些人经常买菜,哪些人经常卖菜,其实是彼此都很熟悉的事情。

熟悉中也有讨价还价。买菜、卖菜的人脸上都带着笑容,享受传统买卖的乐趣,有时候站在一起聊天,讨论菜怎样做才好吃。交易完成后,卖菜人有时候干脆主动送你一把葱或者大蒜。有人说,那时候人与人之间的交往、接触彼此之间比较珍惜,还是一个温情的社会,如今人际交往已经半都市化了。

那时候很少反季节菜。豫南地区四季分明,什么季节是什么菜,菜市上能够明显感受到季节的变换。从70年代到90年代,街上卖肉的只有7、8户,除了两三家集中外,其余的分别位于街道的不同位置。这些人有的是从食品公司出来的,有的是从专业屠宰到收猪、屠宰、卖肉一条龙。

露天的传统型市场对乡村人具有一种特别的吸引力。日常生活的相对单调,集市热闹的短暂性,使得集市是一种非常值得珍惜的公共空间,人们可以交流并传递信息。别看这种集市小,它最能感受出人与人之间的氛围,当地人之间的人际关系。

大多数人都在过普通的日子,并把这种普通日子过得有滋有味。他们在金钱上匮乏,所以在自给自足上想出足够的办法。一些村民想吃肉了,就想办法挑一担柴到集市上卖,用卖的钱再到屠夫那里割点肉,于是就满足了自己的愿望。这说明,人的幸福感是由起点决定的。起点不一样,希望值就不一样,希望值不一样,幸福感就不一样。农民的幸福起点很低,所以很容易被满足。

在70年代,买煤还是很贵的,住在街上的人还是以烧柴为主。只有一些有身份的"公家人"才能烧起煤。不过烧煤也是计划供应的,据说需要煤票。

在农村,人们之间的人际交往往往是自发性的,需要被动地调适自我与环境、小社会的关系。集市是交流信息的重要场所,也很容易形成对某人的成见。但极端事例不能替代生活常态,集市大多数时还是和谐的场景。

城镇化进程随着时间不断加快。吴陈河乡从一个简单的十字形街道的小镇发展到现在三横两纵的大镇,从事商业、贸易的人口急剧上升,菜市场上出现了专业贩卖鱼肉、蔬菜的专业户。一些超市开始在小镇上出现。生产资料和消费商品越来越多地由外地输入,在市场见到的本地农产品越来越少了。

我的姐夫(谢哥)早年在供销社当售货员,供销社解体后自己单干。他自己也承认,大量卖的货都只能算是劣质货、便宜货。他说,"货进贵了不好卖,要压本的。"不过他分析说,早期不能说假货多,只能说质量差;90年代后假冒伪劣商品才多了起来,有一阵子几乎全是假货。

近几年,"家电下乡"、"以旧换新"、"汽车下乡"等消费补贴政策实施了。但是,一些入围"家电下乡"政策的企业乘机在农村市场上搭售其库存、积压或者不合格的产品,严重损害了农村消费者的利益,一些商人巧妙地利用政策假买假卖,套取国家的财政补贴,也间接地损害了农民的利益。而且部分农村市场上一直存在不合理定价问题,比如电力、电信、手机等部门在农村提供的商品或服务价格反而高过城市,但从来没有人去真正关注过这个问题。

真正可怕的是,这几年,我们乡村越来越成为假冒伪劣商品流向的"洼地"。与城市相对完善的监控体系和较为强大的执法力量相比较,乡村无疑差距明显,呈现出另一番情状的"贫富不均"。

"早上喝杯三聚氰胺毒牛奶,吃两个硫黄熏毒馒头;中午买条避孕药鱼,再买点硼砂牛肉膨大西红柿;晚上喝点甲醇勾兑酒,饭后抽个高汞烟。"

这是网友编的段子,主要表达我们在当今社会里一种无处可逃的食品不安全感。其实,就我的所见见闻而言,时至今日,假冒伪劣产品更是充斥着农民的生活空间,衣、食、住、行无处不在。在家乡的集市上,各种各样的山寨、假冒商品仍是应有尽有,大到摩托车、电视机,小到油、盐、酱、醋。

山寨饮料的生产厂家多是一些作坊式工厂,购买了一些简单的贴标机、灌装机,再购些原料就可以开工,油盐酱醋、纸烟等日常生活用品的假冒伪劣商品来源多是邻县,家用电器假冒伪劣商品来源多是广东,装修电线电缆的假冒伪劣商品多来源于巩义市。拿他们的话说,没有碰到是运气,碰到了才是正常。

农村最可怕的是问题食品。2009年岁末,我在一个村庄前等候穿梭于乡间的公共汽车时,跑到附近的小卖部里去坐了一会儿,随手拿起乳制品和饼干、罐头一看,上面落满灰尘,很多商品明显是商标侵权商品,有的商品甚至都过期了。

我母亲也说,哪怕地里的蔬菜刚刚喷洒了农药,一些庄稼人也不顾农药残留,照样从地里把蔬菜采摘起来,挑到集市上摆卖,甚至卖给厂家,包装后批发到大城市,走进千家万户。个别人激进地说,城里人把假货卖给我们,我们为什么不能把毒菜卖给他们啊?这是典型的以牙还牙的报复心理。曾几何时,他们是那么的善良。

上帝为人类建立起秩序井然的伊甸园,却因一条蛇的引诱变得混乱无序。信仰与道德在诱惑面前,总是显得微不足道。《道德经》说:"法令滋彰,盗贼多有。"

我的大伯90多岁了,奇怪的是,他从不买包装食品吃。他总结说,现在的世道,是"人心"不行了。人人都黑着心顾着赚钱,从不把良心当回事。他怕自己被毒死了。一个农民,居然有这样的警醒意识,奇了怪了。这在农村绝对是一件很稀罕的事情。

农村的"迷信"活动

20世纪70年代初期,豫南地区的乡镇都叫人民公社,行政村叫生产大队,自然村叫湾、洼、冲、河、店、畈、坪等。我的童年时期,我的村庄还处于生产队时期,那时候我们村的粮食还需要国家救济。缺粮的时候,每家每户都会领到一定数量的国家供应粮。

70年代,农村根本看不到电视。国内国际上重大新闻,全靠收听中央人民广播电台。我的记忆中,村东头装有一个大喇叭,每天早上7点钟,准时就有中央人民广播电台的报纸新闻摘要。当时幼小的心灵中,怎么也不明白为什么消息都是从一个叫新华社的地方来。80年代以后,这个喇叭使用的频率就越来越少,现在都不知道丢到哪里去了。当时它是装在一个村民的房子上,后来这个农民翻修房子,没有再把它装上去。没有人过问这件事,也没有人在乎这件事。

阅读《人民日报》和《参考消息》的人也有,主要是村组干部。后来电视一步步普及起来,人们在意识形态上更容易受到电视的影响。不过人们更喜爱看电视连续剧。80年代人们聚集在村里有钱人家的电视前观看《乌龙山剿匪记》的场面如在昨天。我和同学们逃课到乡光荣院观看《红楼梦》电视连续剧后,被老师罚站了一上午,记忆深刻。

对于党代会或者人大会等政治生活大事情,农民们几乎不会主动关心。政治的变化让他们变得坚韧或者麻木,尽管他们的命运被政治洪流所改变。我的记忆里,他们一边抽着卷烟,一边打着麻将。人们不会担心遥远的事情,只会终日专注于日常生活。这可能是普通人对改革中国的正常反应。

正是因为大家平日里都忙着各自的家事与农事,年复一年地过着枯燥而琐碎的日子,所以农村还存在一定数量被国家政权认为是封建迷信的事物。比如给人看病的巫婆,豫南农村一般称为"过阴的",意思是能够到阴间走动的人,这种人据说是阴阳两界的使者,能够为活着的人解除焦虑、疑惑和治好疑难杂症,而且这不是任何人都可以充当得了的,必须得到阴间的承认。以现在的科学视角看,这一类肯定属于迷信现象,但他们服务于广大农村文化低下的农民对象,在问候死去亲人和治疗疯癫、疼痛方面,也有很大的市场。

比如风水先生、算命先生,豫南农村一般称为"风水仙"、"算命仙"。农忙时他们是地地道道的农民,有需要时或在自己家里,或应邀到主人家里,开展测八字、算日子、看墓穴等活动。从范围来看,有从嫁娶、丧葬、开工、动土、开张、远行吉日到看婚姻缘分、房屋坐落、空间布局,再到生肖运程、个人吉凶、厄运化解等内容。婚后无子要到送子娘娘显灵的地方求子,家中有不顺之事祈求平安,遇有医院不能医治怪病时祈求病愈,出远门临行前问吉凶……这类风水活动对农民日常生活的介入还是非常广泛的。

20世纪70年代,这一类不被政府允许的"封建迷信"事物在农村得到保留。原因首先在于当事人从事这些行当时,大多数都是保持地下状态,偷偷摸摸地开展活动。当然,乡亲们也会很默契地配合当事人向政府进行隐瞒。其次,乡村的干部作为国家在地方社会的代理人,似乎有意回避自己的政治身份,对眼前一些"迷信"活动有意保持"睁一只眼闭一只眼"的糊涂。干部与乡亲彼此都心照不宣,这显然是地方应对国家权力与社会变迁的一种民间策略。

一位名叫郑萍的社会学者说:"在国家强大政治压力下,表面上人人响应政府号召,而在人民内心深处仍认同小传统,在破'四旧'时村中仍有人藏家谱,深夜烧香拜神。"

80年代后,算命先生、风水先生等一类职业在乡村如雨后春笋后般涌现,说明人们对风水、算命等民间信仰的信奉具有相当的顽强性,虽然经历过国家权力一段时间的强力压制,但还是具有很强的反弹性。

从生活不确定性来讲,一个人对自己未来的事业、健康和是非、感情、财运、灾难等事项最难把控,心灵上也最关心。农村人对风水、算命的态度不能简单地归为信与不信,而是恰恰因为信仰的似是而非、似非而是可以给他们带来指点迷津、精神寄托等帮助作用,起到转移和释放生存压力、舒缓内心焦虑的心理治疗效果。

可笑的是,不光朴素的农民们欢迎这种"封建迷信"活动,少部分人民公仆也是"风水"、"算命"的信徒。他们的痴迷程度一点也不亚于农民，不仅在装修办公室、办公楼时讲究风水，有些时候还假借考察学习的名义访问名山大川的寺庙和道场。

一些风水先生也热衷于活跃在官员与富翁身边，喜欢成为官员与富翁的座上宾。很多时候，那些官员们主宰着别人的命运，却在内心无力主宰自我。

中国很多地方的农村已经禁止土葬并要求进行火葬。而在光山与新县的偏僻的农村地区，至今还保留了土葬的风俗。进行土葬，传统的丧葬礼俗还是要遵守，主持葬礼法事的人指挥人们如何下跪行礼和挥撒纸钱，他们对传统礼俗的熟悉程度在丧葬仪式上得到了淋漓尽致的展现。他们靠这个行当吃饭，必然要充分展示他们在此知识领域的优越性。

一个人一生总是要处理好三种关系：与自然的关系，与他人的关系，与自我的关系。古代的农耕社会里，人们崇四时，重季节，尊农谚，守祖训，都是顺应人与自然关系的反应。现代工业化社会里，人们内心深处的信仰惯性还保留在节庆典礼、占卜打醮上。

中国人向来信仰祖先崇拜，表现为丧葬之礼和祭祀之礼。依据传统的丧礼对过世的老人崇礼下葬，依据古老的祭礼对列祖列宗祭拜，在某个时期一度被视为封建迷信，被列入移风易俗的范畴。在国家经济、社会力量的持续控制下，在电视、报纸等舆论工具的持续宣传下，在农村和农民生活中占据重要地位的民间信仰不断萎缩，当下，以宗族的名义已经很难统合村民一致行动。

不过,有些信仰活动真是顽强得像石头底下的小草一样。典型的就是对祖先的祭祀活动。祭祀反映了人们"事生事死"的努力。马凌诺斯基说:"在所有宗教根源里,最高和最终的生命危机——死亡——是最重要的。"祭祀的目的,一是要让祖先在阴间不受寂寞之苦,能经常享用子孙送的纸钱和物品,分享子孙绵延的喜悦和劳动的成果。二是恳请祖先保佑子孙有更幸福的生活,顺顺利利地实现每个人的远大理想。

最常见的祭祀活动有固定的时间。固定日期的祭祀活动在农历正月初一、正月十五,清明节,端午节,七月半,中秋节和腊月二十三,大年三十。父母的忌日,有的地方称为忌辰,也是农村家庭固定祭拜父母在天亡灵的时日。1970年代,祭祀祖先的祭品大家都舍不得丢掉,但祭品要等祖先"享用"后才能拿下来分食。现在,人们的生活已经非常富足,多数人都不会再食用祭祀后的祭品,但对祭祀的坚持表明他们从未与过去决裂。

在祖宗昭穆神位前,呈上祭品后就开始烧香、烧纸。然后,男丁们依次合掌下跪,实实在在地叩拜三个响头。那熊熊燃烧的纸钱和飘舞飞升的烟雾,让人嗅到一种熟悉的气味,往往启示了人、神、祖先之间既阻断又关联的关系,往往给活着的人一种欣慰、希冀。这种祭祀不仅仅是纸钱和香料的焚烧,更是对血脉关系传承的一种追溯和叙述,无声地表达了对祖先的追怀。

有时候,祭祀活动在家庭的祖宗神位前举行。有时候,祭祀活动在野外,主要是在祖先的墓前举行。正月十五那天,白天在祖宗神位前给祖先呈上祭品后,晚上还要到祖宗的坟前"送灯"。共祖的墓地每家每户都要送,没有子嗣的坟头很是冷清。

清明节前,祭祀祖先的主要方式是"扫墓",豫南农村的说法是"上坟",广东省的说法是"拜山"。扫墓就是一家人一起到祖先的墓前,割去坟头上的杂草,整饬一下坟周围的泥土,再在坟头上添一抹新土,然后烧纸、跪拜,请祖先享用带来的祭品,有时候还燃放一串鞭炮,以示隆重。杜牧有诗句"清明时节雨纷纷,路上行人欲断魂",可见清明扫墓的习俗久远。

随着外出打工的人流增多,离开故乡的农民开始面临如何祭祀祖先的问题。有的人一年一度不辞劳苦,回到家乡祭祀祖先。有的人用一定仪式把祖先"请"到固定居住地,把祖宗的神灵供奉在房子的一角,烧香、烧纸并祭拜。"请"的仪式一点也不复杂。离开家乡的时候,在祖宗昭穆神位上专门烧纸烧香,说辞是:"列祖列宗,后人要离开家乡到××处谋生,请和我们一起去好有个照应。"据说这样,祖先的魂魄就会尾随子孙而来,在子孙的居住地安顿下来。这种仪式,表面是一种"迷信",实质上还是世世代代延绵已久的慎终追远情绪。

祖先崇拜实质上是以一个共同祖先的存在,维系子孙们的共同体意识。20世纪90年代后,很多乡村开始忙着重修族谱和重建祠堂。我的村庄也加入了重修族谱的队伍。

我们族中一群老人非常热心地张罗修订、增补族谱。为此还专门成立了族谱增修理事会。他们走访外出打工的村民,拜访生命之烛即将燃尽的老人,目的是弄清宗族中每一房、支、门的人口脉络关系。他们还发动了一批有经济实力的年轻人在经济和行动上支持修谱活动。作为村庄里的成功人士,他们的行为具有一定的影响力,往往能带动其他人参与到族谱修订中来,实现族谱修订工作的完成。族谱修订出来后,他们举行了隆重的庆贺仪式,每一个参与过修谱的人都很激动,有点像婚礼上的新郎新娘,别人不激动,自个儿激动万分。

其实,农村的这些"迷信"活动,实质上是流传下来的一种信仰体系。这种信仰体系完全是儒、道、释、神、鬼等各种谱系的"一锅煮",整合了诸教和民间风俗各元素,以其熔炉式的、神圣化的仪式调整着农民的心灵,提供一套生存理念,最终调整了现实的社会秩序。

关于农村"三乱"的记忆

从我小孩子时有记忆起,我们村就一直在收上缴,我们家一直都在交上缴,一直持续到 2006 年。这个上缴,就是曾经在政治上、经济上一度困扰基层和中央的农民负担问题。提到农民负担的问题,就难免记起一个当年让农民心惊肉怕的名词"三提五统"。

"三提五统"是指村级三项提留和乡级五项统筹。村提留是从农民生产收入中提取的,用于村一级维持或扩大再生产、兴办公益事业和日常管理开支费用的总称,"三提"是"公积金、公益金、管理费"。乡统筹,是指乡(镇)依法向农户收取的,用于乡村两级办学(即农村教育事业费附加)、计划生育、优抚、民兵训练、修建乡村道路等民办公助事业的款项,"五统"指"五项统筹",包括教育附加费、计划生育费、民兵训练费、民政优抚费、民办交通费。

2009 年的一天,我为了寻找记忆,和一帮村邻一边烤着炉火,一边聊起这个历史话题。

"谈起这个话茬儿,就不得不想起那几年,那就是把我农民往死里逼啊!那个三提五统啊!逼得多少人家破啊?!"一位老堂叔至今还情绪激动。我们村庄里,一位妇女被逼成精神病人,在疯疯癫癫中走失，最后被冻死在流浪的路上。当时她的丈夫还远在郑州打工，对家庭的变故一点都不知情。

据说，"三提五统"制度始于20世纪80年代初。80年代分田到户初期，"三提五统"还留有余地，对农民而言还不算负担太重，真正体现出"交够国家的，留下自己的"。演变到后来，乡、村在农民上缴数额上随意增减，超出了农民的真实负担能力，搞的农民苦不堪言，以至于国家不得不出面干预，干脆规定出"三提五统"款一般控制在上年人均纯收入5%之内。

农民上缴"三提五统"款控制在上年人均纯收入5%以内，这个"上年人均纯收入"基数是怎么来的？带着这样的疑问，我曾在回乡时专门问起我的一位同学。他从1990年起就在乡镇工作，干过副乡长、乡长，每年都要下乡向农民收上缴。

据他的回忆，"上年人均纯收入"居然是以村为单位，在每村抽选若干农户为样本，这几户农民按照统一规定在调查人员面前进行一次性"回忆"而得来的。有的乡、村，为了多收"上缴款"，有时候干脆抽经济条件好的家庭为样本。

有的贫困家庭因此走上了暴力抵抗上缴的道路。1990年，我刚在八里乡一个农村学校当教师不久，就听说一件真实的暴力故事。邻乡一个男子，与前来强制征收上缴款的村支书发生了激烈的争执，村支书还要强行挑谷赶猪，该男子愤而反抗，用锄头敲破村支书的脑袋，然后自己挥刀自尽。

20世纪90年代后，农民的上缴款问题愈演愈烈，逐渐成为困扰地方和中央的一个重大的政治经济问题。我见证了这段历史,尤其见证了乡、村干部为了完成征缴任务的竭思力殆,也见证了一些乡、村干部乘机的鱼肉百姓和横征暴敛,更见证了农民为了完成任务的绞尽脑汁和被迫抵抗。

农民因为家庭联产承包责任制而激发的劳动热情完全被沉重的负担压得踪迹全无。90年代,新县的农民负担问题数次被中央电视台曝光。每年秋后,乡党委书记、乡长、武装部长、委员都要带着一个工作组,分片到各村庄去强行征收上缴任务。布置生产和催收上缴是乡干部的主要差事之一。

收"三提五统"在那时候对于那些村干部、乡干部而言,是每年头疼的老大难问题之一。曾经,在一个偏远的村庄,某个乡长被愤怒的村民堵在村支部里,吃喝拉撒都出不了门,只好由村干部派人送饭。乡干部、村干部为人普遍粗鲁,好说粗话骂人。

那几年,河南省强行实施九年义务教育的时候,在农村,规劝适龄儿童入学的任务被分配到村里和小学老师身上。我们协助村干部做好家庭档案,然后针对应当入学但没有入学的家庭进行家访,对一些随着父母到打工地的适龄儿童,我们一点办法都没有,又不可能外出劝他们回乡读书,只好造填一些表格,等待上头检查后才能过关。

县政府曾经成立过一个"治理三乱办公室",治理的就是乱收费、乱罚款、乱摊派。

2003年,河南省农村进一步进行农村税费改革,全县每一户农民都被派发了一个红色的河南省农村税费改革政策卡。这本政策卡上写明了户主和承包田人口以及计税面积,计税税率是7%。我父母应缴农业税及附加是93.82元,亩均应纳农业税及附加是60.14元。

我的记忆中,面向农民的摊派任务很重。名目繁多的摊派任务被分解到乡镇府所属七站八所,美其名曰是"创收"。

派出所的创收任务就是罚款,因此抓赌、抓嫖、抓打架斗殴就成为派出所最乐意干的几件事情,有时候派出所听说哪个村庄里有人在打麻将,就会连夜摸到村子里,把参与打麻将的人带回派出所,等家里派人送钱去领。有时候,牌桌上没有钱,派出所的同志也会搜身,把打牌者身上的钱搜去。

20世纪80、90年代,乡村最臭名昭著的罚款还有计生站的超生罚款和林业站的林木罚款。超生罚款乡镇留存50%,上缴县20%,还可以返回村委会30%,一些村干部为了这个30%,卑鄙地充当了计生站的线人。

罚款是对违反法律和政策行为进行阻吓的一种方式。但罚款和收费一样,是实现社会管理的手段,而不是目的。收费和罚款一旦变成政府的追求,它的性质就会产生异化。可那时候,乡镇政府、村民组织里的干部们,人人的心思和精力都忙着"创收",既可有效改善集体的财政状况,又可以从中浑水摸鱼实现自肥,何乐而不为呢?"任是深山更深处,也应无计避征徭。"

有几年,村里搞了一个路路通工程,目的是每个自然村都要修建符合硬化要求,并能做到汽车、卡车进村的公路,以实现与主要公路的连接。我们村因此向村民收了多年修路费,名义是人均每年100多元,但后来又没有修路,所收的费用也未返回给村民,听说是改作其他用途。这笔款一直到现在都是烂账。2011年,我们村的路面硬化工程才由村民义举捐款资助完成。

那时,乡村往往乘乱搭车收费。乡干部、村干部的大吃大喝,公款接待、送礼行贿、工程建设等等费用也都核加后进入农民的"三提五统"范围。我们村为本村小学建一座教学楼,村里曾经连续三年在村民中收了集资款,从县、省里也申请了农村学校危房改建专项资金,面向社会募集了一大笔款项,这笔总款数中,乡政府、村支部刮了不少油水。

后来,每家每户都要在年头发放一份负担卡。在国家、省、市检查组下来搞专项检查时,县、乡除了好菜好酒予以招待外,有时候还组织一些干部、教师扮演农民,弄虚作假来应付检查组的询问、核实。我记得,在计划生育工作抓得最紧张的时候,有一次省里组织检查组来我们县检查,抽了我们乡作为检查点,我们县专门派人跟踪盯梢检查组成员,还在吴陈河大桥桥头制造了一个交通事故,阻挠检查组通过,改变了检查组的行程。检查组到了检查点后,女干部扮演的孕妇就粉墨登场,接受检查组询问。真正的农村妇女全部躲进山里等候,等检查组离开才在村干部的通知下返回家中。

我的切身感受太深了。

一方面我的父母仍然在农村生活,他们每年都要完成乡村确定的两个人上缴任务。而他们死要面子,在乡、村干部的甜言蜜语、坑蒙拐骗面前从来都不会抵抗,按时完成上交任务,尽管有时候上缴款是来自我和弟弟的孝敬,并非他们的实际收入。

村干部通常会说:"你的儿子也是国家干部啊,他们也领着任务去收上缴呢。你都不上缴,你说完成这个任务难不难?"

他们有时候还会说:"你的两个儿子都是大学生啊,这么点上缴款还难住你了?!"

另一方面,我的工资要仰仗于农民们的上缴。我作为一名乡村教师,如果农民们不按时完成上缴款,我和许许多多老师们的工资就会被无限期拖欠。这个问题又被演变成了拖欠教师工资问题。

有两年,我当年教书的八里乡采取了一个办法,我们各学校的老师也可以参与直接收农民的上缴款。农民们只要拿着我们亲笔打下的收据条,就可以算完成上缴任务。而乡镇府就凭借这些收据直接核减我们应得的工资。

有一些经济条件好的家长却也愿意把这笔款项交给我们,而不愿意直接交到乡干部手上,他们认为老师辛辛苦苦为农村孩子教书,这笔钱应当直接给到老师手上,省得乡、村干部吃喝挪用。

一些经济困难的家长也会找到我们这些老师,或者直接向我们借钱去交"上缴款",或者恳求我们帮他们写收据,等他们有钱以后就直接还给我们。大多数人说话算数,但也有个别农民不讲信誉的,张店村一名青年农民曾经向我借了五百元钱去完成"上缴",当时这笔钱对我来说不是一个小数目。我在离开八里乡之前,曾上门索要了几次,但至今仍没有归还。

"为什么城市户口的人不上交?"曾经有个农民这样质问前

来强收"三提五统"上缴款的乡干部。不管我走到哪里,我总不时地想起这句有力的发问。

是啊,城镇人口享受了优越的教育、医疗、图书馆、公交、绿化、卫生等公共服务,为什么不和农民一样缴纳"皇粮国税"?

乡村的公共服务那么有限,公共设施那么落后,和城市居民相比,已经是很不公平的事情了。可辛劳的农民还得自己负担计划生育、优抚、教育、修建公路桥梁等公共物品,谁说公平呢?

2006年废止《农业税条例》,一并取消"三提五统"及其他各项规费和杂费,全部免征农业税。"三提五统"中除"民办交通费"改成了公益事业性的"一事一议"筹资外,其他七项全部取消了。随之,"三提五统"这个词语也成为一个历史名词,但那段农民负担的历史永远不能从历史中消失。

村庄里有红军的传说

新县地处大别山腹地,鄂豫皖三省结合部。第二次国内革命战争时期,这里是黄麻起义的策源地、鄂豫皖革命根据地的中心和首府所在地。自从吴焕先回到家乡播下革命火种之后,鄂豫皖地区就成为红军的摇篮。这里先后诞生了红四方面军、红二十五军和红二十八军。

所以我们的村庄里、外祖母的村庄里,茶余饭后总是能听到关于红军的传说、革命的故事。村民口中的故事,有的可以印证,有的却又毫无对证。往事如烟,留下来的故事都成了传说。

那时候,不能说家家户户都参加红军,但农村里参加红军的人有很多,当然参加国民党军队的也有很多。有时候因为参加的队伍不同,一家人或者亲戚之间成为战场的敌对双方,一点也不奇怪。

八里乡有个村庄叫柳林村。柳林村坐落在弯弯的长洲河边,浅浅的沙滩上柳树成林,是嬉戏玩耍、避暑乘凉的好地方。张体学在这个村庄出生、成长,度过了童年、少年的时光。我听到当地村民讲起一个故事:张体学刚参加革命时,有一次被白军围困住。他弹尽粮绝,眼看被几个民团队员抓住。他突然发现追上来的是他的表哥,就大喊一声:"老表(表兄弟之间的称呼），你连我也要抓啊。"他的表哥一迟疑，他马上乘机钻进了树林，逃脱了。据说，这位表哥是张体学母亲的侄子，当时参加了地方民团，民团配合国民党正规军队剿匪。张体学后来成为旅长，建国后被授少将军衔，担任过湖北省省长。

　　外祖母出生于泗店乡的上余畈村。在她一岁多的时候，父亲在泗店的集市上被流弹击中，流血过多而病逝。她的母亲——我的太姥姥带着一岁多的她改嫁到邻近的七冲村。小时候的我听外祖母讲，那时候红军在她的家乡已经到处秘密活动。在蓬勃的群众运动和土地改革中，外祖母的小婶娘思想觉悟有了很大提高。后来，红军在她的家乡"扩红"时，为了让自己的丈夫留在家里，这位小婶娘主动参加了红军，和队伍一起离开了家乡。

　　在黄安打仗时，外祖母的小婶娘却意外发现丈夫也在作战的队伍中。原来她加入红军队伍后，丈夫思念心切，随后也报名参军了，希望两人能常见面。夫妻两人在战场上意外相见，来不及叙叙夫妻感情。据说，外祖母的小婶娘轻轻地对丈夫说了一句，你怎么也来了？后来两个人都牺牲在这次战役里。

　　外祖母在继父家里长大。继父的哥哥也参加了红军，不知道是牺牲在什么地方，解放后家庭才收到死亡的消息。后来政府对红军烈属进行了登记造册，每年给予补贴金，补贴金随着经济发展缓慢增长，但终归不能挽回亲人的生命。正是因为亲人牺牲的太多，在以后的日子里，外祖母非常反对外祖父和自己的儿女加入共产党。新中国成立后，外祖父正当二十多岁，属于村庄里的骨干,一些干部经常劝说他入党,都被他委婉地拒绝了。他愿意为政府多做一些事情,却因亲人的死亡对加入中国共产党的事情敬而远之。

土地革命战争时期,一些队伍经常在外祖母的村庄附近驻扎或者停留。无论退却还是进攻,那都是一条通往新集城的要道。有一次,红军攻打新集城失利后退到他们的村庄外,在夜晚升起篝火。一位胆大的村民还走近篝火旁,和受伤的士兵攀谈。还有一次,国民党军队在他们村庄旁经过,还送过他们一口煮饭的大铁锅,一袋大米。

我们村庄里,有一位我称为"三爷"的老人龚成松也曾经参加过红军,据村里老人说,他参加红军后,也随着红四方面军的大部队撤退到川西,然后爬雪山过草地长征到陕西。后来,随着部队向甘肃进军,成为西路军。在西路军的征途上,他不幸被俘。在马家军的俘虏营里,他和其他被俘的战士受尽了侮辱,在身心上受到了极大的刺激。侥幸的是,他没有成为敌人枪杀的对象,而是被敌人遣散回乡。他一路乞讨,并经历了种种磨难。他在乞讨中咀嚼过悲痛,也在黑暗之中反省过自己的革命生涯。战友冰凉的尸体,战场上满地的血迹,饥饿无力的士兵……时常在他的眼前浮现。

据说,他最初返回了收容队伍。可是在收容队伍却又受到许许多多的审查,在审查中品尝了生命的另一种煎熬。来审查他的干部,射向他的目光带着荆棘——充满了怀疑、责备、仇恨。这种目光连同血腥的战场后来成为他时时记忆起的梦魇。

那些日子,回到家乡,当回一名普通的农民成为了他梦想的全部。后来,他还是离开了革命队伍,现在已经没有人记得他是什么时候返回家乡的。

回到家乡后,白天,他吃喝着打铁;晚上,早早躺到床上。没有人问得清楚他的经历,他自己也没有告诉任何人他的经历。

当过红军,没有人知道。在村庄里,他已经成为一个只求干活吃饭、安分守己的农民,怎么也找不出曾经的革命豪情。大家对他也像对普通村邻看待,唤来唤去地支使他。他温顺,沉默寡言,与世无争。

1947年,刘邓大军来到了大别山。他意识到,当年的红军回来了。他同时内心又充满了忐忑不安,因为对队伍来讲,他当了一名"逃兵"。如果没有刘邓大军返回大别山,他将在隐瞒身世的岁月中度过。他的战友已经成长为首长,他和战友在战斗间隙还见了面,回忆了一些峥嵘岁月。他的红军经历始为人知。

但这个身份并没有给他带来荣光。解放后,他继续受到一些调查。"叛徒"、"特务"、"逃兵"的怀疑依然存在,他的生活里依然充满了一种不安,当了一辈子的光棍汉。1983年后,西路军的历史才被正视,在对西路军红军身份确认的过程中,也有人对他的历史提出怀疑。最后,他还是被确认为西路军红军老战士,进入了乡光荣院。那时候,我们县每一个乡镇都设有一个光荣院,专门用来收养在乡红军、西路军、新四军时期失散、伤病的老兵。

三爷恢复红军身份后,在光荣院里颐养天年。有时候,他不甘寂寞,就拄着拐杖,去光荣院门前的市场买东西,站在熙熙攘攘的街道上,和人认真地讨价还价。有时候,他还会拄着拐杖,回到湾子里和同龄人叙叙旧。他始终对自己的西路军经历忌讳如深。但他的内心深处,一定会经常回想起那火红的年代,恍如隔世,生发出对人生的无限感叹。

80年代的一天,我的这位曾经参加过红军的三爷,静静地病故在我们乡的光荣院里,带着他的曲折故事离开了人间。

我的一位堂大伯,也曾经参加过革命队伍,曾经给一些首长当过警卫员,肩挎驳壳枪的英姿曾留在一些村民的记忆中,后来因为犯错误被遣送回乡,做回了一个农民。在后面的人生中,他和三爷不同,喜欢在村人面前讲叙那一段"光荣"的经历。

参加革命并能够活到全国解放的,或成为将军,或成为干部,被津津乐道并接受着崇拜、羡慕。而一些因为种种原因而返乡的,则应当庆幸还活着。活着的人,也是人生如梦。以前我们读余华的长篇小说《活着》,总是忍不住悲叹小说主人公福贵的曲折命运。其实,我们这些活着的小人物和福贵并没有什么区别,人生有很多很多的无奈。

村庄内的恩怨是非

在城市人的意识中,山区的农村总是和优美的风景、静谧的气氛、和谐的人际关系紧密相连。但是,经常出现的喋喋不休的争吵和公然的打骂为这个命题提供了反证。农村也是一个有恩怨是非的地方。

既然有恩怨是非,就有恩怨是非的解决之道。几十年来,村庄里的纠纷解决不经意间发生了巨大的变化,这些变化与村庄的村民人际关系、基层政权形态、市场经济进程、法治建设状况存在着密切的联系。学术上通常把村庄的纠纷解决放入村庄整体环境中进行研究,这个惯常研究进路是对的。

我的村庄虽然是中国无法数清的乡村中毫不起眼的一个,但也并不是一个没有纠纷的宁静的桃源社会。村庄里的纠纷解决变化也为这个变化提供了样本。

关于纠纷的是非曲直,国家层面自然有以国家暴力机器为后盾的司法机关、纠纷解决方式与救济渠道,也就是俗称的"外部解决"力量。但村庄本身也有自身的纠纷解决方式与救济渠道,我们习惯称之为"内部解决"力量。

几十年来,村庄从来都不缺少纠纷。即使是同姓组成的村庄,以传统的宗族五服为基础,同姓村民按照血缘关系远近组成更小的小亲族,即豫南农村所说的族之下的房、支、门。我们村庄一姓之中也分为十几个小亲族并互相竞争。相互之间的竞争取决于一门之内的成员素质、成员多少和团结整合程度,其中男丁是最有决定性的力量。

大门、小门内部村民之间的纠纷,一般被视为"家务事"解决,先由内部较有威信的人、年长的人(农村语言中称为"管事的")劝解、调解处理。

大门、小门之间村民的矛盾,表现以争吵、打架、暴力威胁开始,但以弱小的门妥协告终。因而,大门在纠纷中占据优势,小门的村民处于劣势。除了物质生产的需要,在纠纷的产生与解决中,男丁多寡是一个关键力量。正是这样,农民把人口再生产看做是各支、门之间的一种长期竞争,强烈的生育动力源于对"人丁兴旺"的宗教式热情。祖父母、父母因而对家庭新生的男孩充满了喜爱,"生男孩摆酒,生女孩不摆酒",就是表达这种喜爱的方式之一。

但这种情况是相对的,国家政权的存在是村庄纠纷解决结果不太偏倚、不太失衡的一个保证。"重大冤情"时,小门中受委屈村民往往提交村(生产队、大队)、乡(人民公社)干部解决,以求公道处理。村组干部也好,乡镇干部也好,往往依据情、理、法、力进行调解,有哄骗,有恐吓,有强制,既让强势一方服气,也让弱势一方得到安慰。

1970年代时,村组干部、乡镇干部绝对是农村的权威。平时找他们处理的各种事情都有,小至邻家小孩偷菜、人员外出、取款开证明,大至宅基地报批、困难户救济款发放。1982年前后,人民公社改成乡,生产大队改成村。那时候,村庄的公共舆论力量很强,村干部虽然有时候也胳膊肘向自家人倾斜,但多少还顾忌村民的舆论和压力,免得别人说护自家,大体上比较公正,解决纠纷还有些人信服。

村组干部和乡镇干部都喜欢找宗族中一支、门中最有威信的管事者进行调解,即农村人所说的"擒贼先擒王"道理。如果把最管事的人说通了,他也会帮着说服本门其他村民,甚至可以做当事人的工作。五服之内,受宗族传统的影响,村民在带头人的领导下往往具有一致行动力。

改革开放前,中国共产党早已经通过在农村设立党支部、建立民兵组织、组建生产队等方式介入了村庄生活。所以村庄中,解决纠纷、判断曲直的主要力量是乡干部、村干部以及有威望的村民。我的堂伯说,那时候乡干部、村干部,包括队长说话都有人听,人们相对信服他们调解。

"说话有人听",用正式的话语表达,则意味着乡村基层政权的巨大权威。

当然,在村民缺少流动的情况下,村庄受熟人社会的制约,人们总是按照习俗与礼仪,通过自省与外在约束修正自己的错误行为,强化正确行为。

在村庄中,未必每个人都是伦理道德的合格者。但小小的山村因为有一套判断是非曲直、寡义廉耻的习惯与礼俗,所以仍然形成一个小小的压力社会。讲理、懂礼的行为总是受到颂扬和肯定,蛮横霸道的人物总是受到贬斥和诅咒。在真正的交往中,人们总是不愿意和那些受到鄙视的人交往,即使不可避免要打招呼、往来,也小心翼翼。用学术术语说,山村给符合社会道德的行为以正向激励,对不符合该标准的行为形成社会排斥。

那个时候,农村习惯以政治标准在内部进行社会分层。贫农、中农、富农的区分在1970年代的影响还很大。农村孩子之间的骂战还有"地主羔子"、"坏右派"之类的语言。但以宗族为主要纽带的团体交往仍然能克服政治上的偏见,对地主和富农批斗的时候总可以看见同情心的存在。

20世纪70年代与80年代的农村几乎道不拾遗、夜不闭户。当时人们的生活水平普遍不高,人们自我防御意识也普遍不强。

不过,像那种偶尔的偷鸡摸狗、偷菜摘瓜的事情还时有发生。这样的事情一旦发生,有的人息事宁人,嘟噜骂几句,可有的人却不甘心悄无声息,往往会在村庄里骂街。我记忆里有这样的一幕:

一个妇女站在村子后面的山坡上,一边双手叉腰,一边高声叫骂,脸色因气愤而变形。她是在骂偷菜人。

"你把我的菜偷了,我×你妈。"

"你懒得连菜都不种,光偷别人的,连个畜生都不如啊。"

叫骂声飘进村庄,每家每户都听得见。这是那个年代村庄最寻常的龌龊之一。这种叫骂,发泄了自己的愤怒情绪,恶狠狠地赌咒了偷贼,也同时让全村知晓了窃贼的可耻行为,虽然有伤风雅,但也制约了行窃行为的泛滥。

这种骂街的厉害之处是韧长。有时候一骂就是三个小时或半天时间。叫骂表面看上去是为了鸡毛蒜皮的事情,邻里积怨才是深层的原因。在平静的乡村生活中,一些妇女只有叫骂才能出语流畅,略无滞碍,几乎是她们唯一的激情燃烧。

相应的是,人们对1978年以前的社会风气评价很高,而且具有高度的一致性,即为人们广泛认同。30年后的今天,部分人们的主观感受是"今非昔比"、"世风日下"。

我们对农村的观察也是这样。现在的农村,相互打架、吵嘴的事情虽然少了,但小偷小摸多了,失窃的现象层出不穷。一些家庭人员全部外出打工,居住的房子没有人看守,空荡荡的房子长期没有灯火,经常被一些梁上君子光顾。有些贼连人家的门都不放过,拆下来拿去卖了。

最可怕的是,村庄的舆论话题中,村民有一个自己的"英雄榜",无论外出和留守在家的村民都有一个大概的位置,这个位置是以挣钱多少、官大官小为排名根据的。

在他们的闲聊中,不是说这家日子过得怎么样,就是评论那家男人的本事。很明显,他们眼中的社会分层也是以经济标准划分为三六九等了,"有钱就是英雄汉"。由于贫富差别,同一宗族的支、门内亲属之间的内部合作能力大大减弱,一致对外抵抗能力削弱,同一门的小亲族之间的那种疏远远远要比20世纪为甚。

也就是说,金钱观左右了部分人对于权威、对于信任的选择。新的社会管理模式下,要想村庄里的纠纷、是非得到有效的解决,就得建立一种基于血缘关系的宗族权威或者基于民主形式的自治权威。

但是,村里目前还缺少有公心并让人信服的说服、调解、息争的人士和力量,愿意介入家族及邻里事务中的热忱人士也不多,那么人们开始寻求乡司法所、派出所介入,原来的"内部解决"在解体与重塑中走上了以"外部解决"为主的模式。自从我的一位堂伯在乡法庭起诉一位堂哥欠债不还以后,一个小小的自然村先后发生了5起关于债务、继承诉讼。有的是叔叔告侄子,有的是表兄弟告表兄弟,有的是村民组告山林承包户,这样的诉讼我至少听闻好几起,并曾经参与了一起。乡派出所还接到了4起关于偷盗、破坏、打架的报案。

我2009年回老家那几日,正好碰上几个村民的恩怨,个个都在我面前喋喋不休地讲别人短长。可是我决心要给他们做理清是非解决纠纷的努力时,他们都委婉地拒绝了。我无奈说请乡里干部来解决时,他们也百般推脱。后来,我离开了家乡,随后他们几个家庭也没有和好,一直就这样"毛毛冰冰"(土话,不融洽)的状态。现在的家乡,很少互助,即使互助也要用金钱考量。

所以我现在非常害怕回到家乡。不管远近亲疏,人们对我能到他们家坐一坐充满了欢迎。

"父债子还"的观念在中国人心目中具有很强的法律效力,但是按照我们现在的法律,只有子女继承了父亲的财产后才产生偿还债务的义务,否则是可以不还的。村民之间、亲戚之间的借用、借贷往往是不签订契约文书的,一方提出要写张借条时,对方往往觉得很不义气。可是现在,借款双方已经很坦然地写借条、收借条了,没有人觉得不好意思。

在纠纷解决中,我仍然看到法律与习惯不一致的地方。比如说,尽管国家在1950年就颁布了婚姻条例,采取了法律婚制度,但村民们仍坚持仪式婚的观念。婚姻缔结是否得到认可,不是以政府是否颁发的结婚证为准,而是以是否宴请乡亲、邻里为准。只要在村里请过酒了,就表示已经成亲。没有人好奇地追问有没有合法证件,是不是找乡里民政助理员登记过。

在城市化的大潮中,农村社会并不是一个富有抵抗能力的社会组织。以城市化为特征的改革破坏了原有的旧的农村秩序,有效的新的秩序亟待建立。

重修族谱记事

修谱、建祠之风从南到北而来,一下子激发了村庄对家族历史的记忆。我们村庄是单姓自然村,是龚姓后裔组成的村庄。农村重修家谱之风悄然兴起之后,我们村也加入了重修族谱的行列。

族谱亦称家谱、谱牒,是中国宗法文化的组成部分,是关于一个以血缘关系为纽带的家族的得姓、形成、分布、迁徙、郡望、派别、世系、人物事迹和艺文等的综合记录,是以特殊形式记载的家族发展史。从宋代开始,编修族谱就开始成为家族的盛事了。

我们龚洼村的龚氏宗谱于"民国"七年(1918年)完成创修。族谱中记载有家训、族规、谱规。其中家训8则,分为父子箴、兄弟箴、夫妇箴、学问箴、事功箴、技艺箴、治家箴、处世箴。族规18条,其中第一条写道:"百行莫大于孝,倘族有不顾亲养、大逆不孝者,祖坟前处死,即或言语唐突、小有不敬者,亦当严责,再犯黜祀。"最后一条写道:"富贵而知好礼,不可矜骄。倘有恃富贵而凌道义之贫贱者,须祠内重惩。"

按照族谱惯例,每三十年为一世,每一世续谱一次。但是,各种原因,《龚氏宗谱》在此后近九十年里一直没有重修。"应于首续之际,适逢抗战胜利,日寇投降。可狼烟方息,内战烽火又燃,五年解放战争,国家大定,共和国成立。建国初期,正逢轰轰烈烈大跃进等多次变革;1966年又掀起'文革'风暴,波延十年,又有谁顾及续谱之事?"《首议续谱叙》如是说。

实际上,国家政权的态度才是族谱能否重修的关键。毛泽东这个农民的儿子,在他的著述中把帝国主义、封建主义、官僚资本主义形象地比喻为压在中国人民头上的"三座大山",并且还指出:"这四种权力——政权、族权、神权、夫权,代表了全部封建宗法的思想和制度,是束缚中国人民特别是农民的四条极大的绳索。"人民领袖的观点成为国家政权的主要态度,建宗祠、续家谱、联宗祭祖等活动被视为封建宗法活动,一度为社会主义制度所不允许。"文化大革命"期间,宗族祠堂甚至被视同"四旧",在"破四旧"的狂风骇浪中被拆毁。续宗谱等活动在打压下也销声匿迹。

随着改革开放时代到来,建祠堂、续家谱等过去被否定的事物开始出现,国家政权的态度也有了转变。自1980年开始,陕西省每年都要举行祭祀黄帝陵活动。但对于民间兴起的修谱、续谱热,1986年中央还指出:"建宗祠、续家谱、联宗祭祖,是封建宗法活动,是我们的社会主义制度所不允许的。"到了1993年,公祭轩辕黄帝的庆典活动开始成为国字号活动。2004年,纪念孔子诞辰2555年祭祀大会甚至第一次由民间祭祀改为国家公祭。虽然没有明文提倡可以修族谱、建祠堂,但已经没有组织出面禁止民间雨后春笋般出现的祭祀祖先、修建祠堂、续修族谱等活动了。真是"野火烧不尽,春风吹又生"的生动写照啊。

直到 2006 年,我们村庄的增修族谱工作才提上日程。完成续修的《龚氏宗谱》在编后语中写出了此次修谱的困难,再提三十年续谱一次的殷切希望:"本族自创修谱至今近 90 个春秋。由于时代间隔较长,加之朝代更替,居住分散,人口流动性大。因此,少数人名字、生卒时间等难得记录精确。……这给我们续谱带来诸多困难。希望今后代代相传,遵循前人重托,每三十年续谱一次,以免时日久远,给续谱带来不便。……"

续修宗谱的事情先在小范围内决议,主要是居住在县城的几个年长者。这几个人达成共识后,向村里发出了一封"公开信",然后专门成立了续修宗谱理事会,由早年出外工作,现已退休的二爷担任理事长。二爷是新中国成立后新县第一批汽车驾驶员,后来一直担任县食品公司汽车队队长,退休在家多年。

此外,理事会还有副理事长、成员若干,共 15 人,其中总编辑 4 人。理事会成员大都已过花甲之年,头发鬓白者多,最年轻的成员都是 1957 年出生的了。理事会成员分为两组,一组是编辑组。编辑组的办公场所由一位担任县外资办主任的叔伯大哥提供,另一位叔伯大哥主持办公室日常事务。

另一组是采编组,主要在乡间担负采稿和筹款。这一组的任务最为艰苦,《续修宗谱序》说他们:"不辞劳苦,走门串户登记表册和集资,或登山涉水,斩棘穿荆寻荒坟;或跨省过县,探访流落异乡之族人。"

续谱是一项艰难的工作,以至于总编辑之一的叔伯大哥写了一篇《续谱成功感语》并收录于续修后的宗谱之中。感语说："国有史,族有谱,这是先传后教,弘扬先进,废除落后,这是人类追求。修史续谱立功者,德名流传千秋。"唯求德名流传千秋,有点古代史家传统意味,也许这才是这些成员作为村庄精英来修谱的真实动机之一。

续谱得到了异乎寻常的支持,《续修宗谱序》说："交款捐资热诚踊跃,豪俊之士慷慨解囊,城里乡间同心同德,正所谓登高一呼,万壑回应。此情此景何愁宗勋之功业不建?"从功德表中统计看出,接受捐资1万多元,筹措资金可能接近1万元。

这次续谱,对原谱中的家训、族规未作删改,并将原文照录于新谱之前。目的是："一是作为修身齐家之准则,二是作为文化瑰宝,以资族人鉴赏,从中体会立身处世之道,自勉自励,弘扬社会文明,共建当今,惠泽后代,鉴于兹情,新增几条谱规,晓谕族人。"续谱时新增了5条谱规:

一、传谕本姓子女,不得与本姓婚配。有此例者,是为败坏天伦,不予上谱。在其父母名下注销之。未出五服而婚配者,自其父母以下一律不予上谱。

二、族中有不孝于父母、不敬尊长、为非作歹、横行乡里、危害地方者,在谱上注其劣行,以儆效之。

三、族中对有功于国,利益地方,辅助族人,荣于宗祖之贤达,或官或民,是男是女,亦当立传以旌表之。

四、乏子有女招赘婿者,可上谱延香脉,必以龚姓辈派载册。

五、以当今政府法规为准绳,知荣明耻,与时俱进。

好一个"以当今政府法规为准绳,知荣明耻,与时俱进!"我在其他的族谱中也看到过类似语言。这样的表述再次说明,族谱、祠堂并不是对抗国家政权的事物。另外,新续修的族谱中,还倡导宗族发扬的十大优良品德与作风。分别是:爱国爱家、尊敬守法、团结友善、明理诚信、学识求进、敬业奉献、尊老爱幼。文明礼貌、夫妻和好、助人为乐。

这次修谱活动,坚持了原来的谱牒传统,但也作了一些改良和补充。比如,辈派字新增了十六代,增加了功德录和人物传记。由于时代进步,新增内容加了句读和标点,方面后来者阅读。还考虑到了计划生育政策对农村社会的影响,改变了宗女没有任何记载的传统,一些没有男性子嗣的家庭也可以把女儿写上族谱。女儿入谱后,后代不再入谱,除非改为龚姓。这些改良,基本上不悖于"五服"传统观念。

要说这次续谱活动还有什么欠缺的话,那就是续谱活动还是坚持前代的修谱体例、记谱方式,与时代脱节严重。以现在的眼光来看,家谱已经成为史学界及其他人文社会学界研究地域历史、生态、自然、地理、经济、文化、人文、民俗等的重要资料来源。那么,一部完整的家谱除记载世系、瓜藤、辈派及各代人的生、卒、茔葬、后嗣之外,还应当丰富其他记载内容,比如与家族、村庄有关的事件、生产、经营、求学、民俗及物理人情等情况。以这一认识为基点,续修族谱可以增加很多记述,较好地将族、村历史与社会历史结合起来,以求多方位、全面地反映族、村的发展和变迁。泰兴何氏重修族谱时就新增"人物"、"高级职称"、

"中级职称"、"行政职务"、"高校毕业生"、"国家、省、市表彰"及"墓志铭"等章节。另外,重修族谱应当统一采用公元纪年,对原家谱中的朝代纪年和干支纪年,有条件可以附注公元年代。

这次续谱工作的倡导者和主力军,无疑是村庄走出的精英人物。他们之中有共产党员,有国家干部,有人民教师,有退休工人。既然已经走出了村庄,他们为何还这般挂念、支持、献身族谱的修订工作?在不可逆转的工业化、城市化浪潮中,村庄毕竟在继续衰败下去,村庄里的人像蒲公英的种子一样四散开花,家族的约束力已如明日黄花。他们的参与热情,是内心翻腾的宗族观念还是其他?我想穷究这一社会现象,可能会从中找到村庄可持续的生命密码。

作为续修宗谱总编辑之一的国瑞写道:"瑞不敏,荷国家厚恩,得守公职,赖先人福荫,以继儒业。因忧宗谱荒废,顺族人之推心。虽年逾花甲籍偷闲之机,竭尽运筹之劳,览过三弟国圆草拟'倡续宗谱序',幸睹族叔成滈公'首议续谱叙'遗稿,字里行间饱含诚恳孝忱,古道热肠,令人感动!由此可知,续修新谱已是众望所向,况且条件便利优越,与昔日比判若天壤。"

2006年,族中续谱工作完成后,理事会欢天喜地地给每家每户送上门。父亲甚至把这次续修的《龚氏宗谱》放入笨重的行李中,千里迢迢背到佛山。

此前,我家还有一本印于民国初年(1912年)的龚氏宗谱。黄色的薄纸,线装的老书,静静地躺在我家老屋,摆在正房祭祀祖先的香案上。我在少年、青年时还不时拿出把玩,完全不知它在年老农民眼中的价值。

父亲把新谱交到我手中,我对父亲笑道:"我要何用?"

父亲对我说:"你身为长子,理应有一本宗谱。"

所幸我没有拒绝。如今,我在翻阅宗谱时,家族历史、宗祧脉络尽收其中,家训、家规散发着儒家精神,感觉如同在祖先面前聆听教诲。

"治家之道,贵于修身,勿偏好恶,毋惮艰辛,勿开奢丽,勿失本真,相接以礼,相联以仁,惟勤有益,守朴思澶,公平悉洽,言语皆真,尊卑有序,内外皆亲。……无骄、无焰、不忮、不求,为人若此,庶可咸修。"

族谱上的治家箴言时常在我耳旁回响。在如今的社会形势下,村庄的伦理仍然有着极强的道德约束作用,具有很高的生命价值。只不过,我们跛足前行,全然忘记我们有治愈弊病的良方。

家谱是一个巨大的资料宝库,除了记述世系繁衍,使人们可以明宗支、正本源外,还可以作为寻根认祖的依据,民族和文化认同的根据。除少量家族私刑规定过于偏激(如"祖坟前处死"等语言)外,我认为,以族谱、祠堂、祭祀、丧葬为表征的宗法文化,在维系人心与改造社会、社会管理等方面具有不可低估的力量。

族谱的修订虽然是一件盛事,但也可以看到它的落寞。

人口频繁流动,社会变迁加速,人们不断走出传统的乡村、井巷,卷入汹涌澎湃的市场经济大潮,传统的秩序规范失去了强大的制约作用,熟人的监督眼光日渐稀薄,传统的社会规范迷失了自己的身影。连同一起消失的还有家训、家规中深藏的生活态度、精神气质以及曾经熟悉的价值观念。

家训、族规犹在,现在何曾真正约束过农民的心灵和行为?背负家族精神的老人何曾不懂得农村不可逆转的命运呢?

乡村的中学与小学

如果完全由家长的经济条件和社会地位来决定,穷人的孩子永远无法通过教育来改变命运。

我很庆幸自己早生了好几年,从读小学开始一直到读完研究生都赶上了好时光,一路都是公费,家庭不用拿出很多学费供养我。如果是现在这个时代,我很可能像很多不幸的孩子一样走上失学道路,早早独立去谋生。

我的小学一、二年级在本自然村读的,是典型的复式教学班。现在提起复式教学班,很多人很难理解,但在当时,确实是很多村庄常用的教学方式。老师是我们自然村(生产队)的村民,当时的称呼是民办教师。三年级在相邻的吴湾(同属一个行政村)读的,老师是吴湾的村民。四年级开始到村部学校就读。当时的学校里只有一个是"国家老师"(正确的称呼是公办老师),其余的全部是民办老师,农忙时要回家种田。

我所在的乡镇每个村有一个小学。但全乡只有三所中学,分别是吴陈河中学、陈洼中学和阳土墩中学。小学升初中的考试由全乡统考,然后按照分数高低录取,成绩靠前的一般都录取到吴陈河中学。

我1984年进入吴陈河中学就读。那时的学校还处在平房时代,前后三排房子,第一排是老师的宿舍和学校的食堂,第二排是教室和学生宿舍,第三排左边是教室,右边是老师的宿舍。那时候学校的学生宿舍是大通铺,人挨人的铺盖卷,夜晚是人声嘈杂,需要值班老师的"镇压"才能寂静。也有一些学生不愿在学生宿舍里睡觉,而把教室当做宿舍,白天是教室,晚自习后两张桌子一并男生就在上面睡觉。

住校的学生大多在学校食堂吃饭,也有少数学生跑到学校外面的街道上去吃。吴陈河的街道那时候很小,一个十字街不过500米。当时,十字路口有一个包子店,包子五分钱一个,又大又松软,有的学生就花个两毛钱买几个包子当早餐。

从80年代开始,社会治安情况一直是下坠的趋势。随着《少林寺》等武打电影热的兴起,不良学生和社会青年经常结帮成伙,打架斗殴,寻衅滋事。学校不是净土,一些打架斗殴、鸡鸣狗盗的事情也经常在学校发生。至今让我还记忆犹新的是有天夜晚,大家都在上自习,几个社会上的青年到一个教室门口寻衅,把一个平时学习不好的学生揍了一顿,居然学校领导也没发现。我的一位同村的叔伯兄弟与同学打架,被同学用刀刺进肋骨,刀锋仅仅偏离心脏数寸,让学校和家长都心惊肉跳了几个星期。

蓦然回首,我都中学毕业30载有余了,用我的童年、少年见证了村庄、家乡的成长,却也阔别家乡30年了,毕业至今的同学都没能够碰到几个。昔日的小毛孩如今都已经变成家长,他们的子女也是追着韩流、日流时尚满世界晃悠。

青春的岁月就这样一去不复返,刹那间又好像在昨天。

20世纪80年代,乡村电影院曾经是青少年的乐园,到电影院看一场电影曾是我们这些农村孩子的热烈向往。大多数影片大家都记忆犹新。《少年犯》我们都看了好几遍。但说实话,那时候乡村电影院又往往是争风吃醋、打架斗殴的场所。派出所不得不组织了一支队伍,专门维持电影院周边的治安秩序。

1980年代,我们那里的中学所使用的教材是《全日制十年制初中课本(试用本)》,人民教育出版社出版,河南省中小学课本出版办公室重印的。在我初中毕业后,这套教材就被当作废纸卖给了收废品的,现在只遗留下两册,分别是初级中学课本《语文》第五册和《英语》第四册。

《语文》第五册课文具有时代特色。现代文有毛泽东文章《论鲁迅》和《反对自由主义》两篇,鲁迅作品《藤野先生》、《孔乙己》两篇,另有茅盾的《白杨礼赞》、李大钊等《革命烈士诗三首》、臧克家《有的人》、朱德《回忆我的母亲》、周恩来《团结广大人民群众一道前进》等,选文的意识形态色彩浓厚,但美学韵味不足,价值取向非常明显。文言文有《孟子二章》和《岳阳楼记》、《捕蛇者说》、《诗词六首》等,选文都是经典名篇,质量上乘,倒还能看出文统道统的历史血脉相传,可能与教材的总体价值取向不冲突。这一册需要掌握的语法知识有复句和多重复句,写作知识有论点和论据、论证。再看现在的课本编写,价值取向已经大变,明显看到时代在发生变迁。

《英语》第四册有课文《猴子与鳄鱼》(《The Monkey and the

Crocodile》)、《钢琴音乐会》(《The Piano Concert》)、《这不公平》(《It's Unfair》)、《铁轨在歌唱》(《The Rails Sing》)等。第一课开头是句型,后面是语法,中间是对话《让我帮助你》(《Can I Help You》),大意是讲刘梅在去看电影的路上碰到一位老奶奶问路,刘梅帮助她向警察叔叔问路并亲自带她找到医院,结果看电影迟到了。这个故事可能是虚构的,但其中反映的助人为乐与热情好义还是具有普遍教育意义的。

我的中学时代,老师上课还是一口浓厚的方言。初中语文课上,主要还是学习字词句篇、如何归纳段落大意、如何归纳中心思想、如何写作等等。遗憾的是,我那时的作文从来就没有被当做范文在全班进行朗读,没有得到一次的肯定,当时心里总觉得怎么老是别人的作文那么好呢?教语文的管老师上课时喜欢给我们读《小小说选刊》和《散文》上的好文章,给我们读《中学生优秀作文选》上的好作文,有时候还给大家介绍一些国内外文学家的作品。我曾经在他的指导下读了《第四十一》、《上尉的女儿》等一批中篇小说,在我内心留下了深深的文学烙印。

那时候,我们直到初中一年级才开始接触英语,开始学习ABC,学习音标。不像现在的孩子,小学一年级就接触了英语课程。那个时候贪玩,一直到上初二时还改变不了在英语句子下方标记汉语的习惯。对英语单词和语法的掌握全靠死记硬背和反复的题海练习。那时候的英语老师也比较缺,英语教师基本是半路出家。我的第一任英语老师是代课老师,还不是正式公办教师。那时候她才刚刚高中毕业,人长得漂亮,笑起来脸上有两个小酒窝,时不时被淘气的学生气得流眼泪。

那时候的初级中学,初三才开化学课和生理课。化学课少不了实验课,我们总是被神奇的实验所吸引。担任化学课的教师是夏传熹老师。他非常善于用邱家稳、毛元佑等学长勤奋苦读的事迹来激发学生的学习兴趣,鼓励士气。邱家稳学长是我们乡1978年恢复高考后考上重点大学的第一人,家境贫寒,经常点着煤油灯熬夜苦读,现在已经成为我国空间物理研究领域的杰出专家。夏传熹老师还兼任我们的生理课,我们对人体的秘密都很好奇,也喜欢上这门课,所以我们的生理课成绩都很好。

我印象最深的是上地理课了。汪新恩老师刚从师范毕业,很有朝气,课堂比较生动。我对珠穆朗玛峰的8848米高度记得如此牢固,就是因他所教。他说,珠穆朗玛峰真是高啊,8848,爬爬思爬,也就是说,爬一爬后,要思考一下还爬不爬。乡下的少年接触到的地理知识有限,毕竟没到过国内国际的很多地方,但能从书本上天马行空,也是件不错的事。现在回想起来,那一年的地理课对我以后对于地理的兴趣有着启蒙意义,也留下不可磨灭的印象。汪老师上世界地理时,总喜欢说,今天我们到某某地方、某某国家去看看,然后一丝不苟地从气候讲到矿产,从人口讲到幅员……内容引人入胜。

虽然关于中学的记忆已经远去,但回想起来,那是个最真诚、最如饥似渴求知的年代。一直到现在,我的脑海里都有很多认真学习、刻苦学习的片段。不过,早上的自习课上,也有好像永远永远睡不好的同学。不过,那时的学业远没有现在孩子上中学的沉重,晚自习、早自习全靠自觉和自愿参加,老师、学生也没有升学压力,学习用不用功全看自己是否有改变命运的理想。恢复高考制度后,我所在的中学一直在全县排名靠前,都是学习氛围浓厚的缘故。邱家稳和毛元佑等学兄的勤奋苦读故事,一直是校长和老师激励我们好好学习的榜样。

那时候的卫生条件很差,教学条件也很差。在农忙季节,学校经常组织学生去劳动创收,比如打柴,解决学校食堂的烧柴问题;比如采茶,茶厂会按照斤两给费用;比如挖沙,预制厂会按照立方给钱。那时候的学校还比较民主和公开,校长会在会上跟大家说,孩子们,如果我们不搞些勤工俭学,学校食堂的伙食费就要多掏,我们的学费就要收贵一些。班级也会留一些班费以开展简单的活动,班主任会给我们订几种杂志,比如《中学生》、《中学生数理化》、《中学生学习报》等。

为了改变命运,很多学生都希冀通过刻苦学习考上中专、重点高中。学校也抓得很紧。那时候,吴陈河中学的余校长对教学也抓得紧,学生的课业很重。学生们最喜欢的课不是升学必考的学科,而是体、音、美。这几门课当时是没有专任老师的,而且少到每周才一节课。饶是如此,我们仍然在课堂上学会唱《十五的月亮》、《血染的风采》、《妈妈的吻》、《枉凝眉》、《冬天里的一把火》等一大批流行歌曲,掌握了画素描、写生等美术知识。我们农村的中学里也开始流行"追星",对费翔、董文华、刘晓庆等一批明星动向如数家珍。

吴陈河学校的前面有一条公路，公路前面就是一条清澈的小河，河边有一片柳树林，学校后面有一片桃林。我上学的路上，要经过一片水田，然后是一块很大的河滩地。经过金黄的油菜花地，趟过清澈的河水，经过一片柔软的沙滩，然后爬上并穿过公路，走进学校的大门，是我今生最美的回忆。

1987年，除了我之外，吴陈河中学考入信阳师范学校的还有4个同学：邱洪慧、王全志、张明洋、陈盛祥。我们5个除了张明洋是教师子女外，其余都是农村孩子。师范学校是培养小学师资力量的地方，我们都知道毕业后不可避免要当一名乡村教师，但因为可以摆脱当农民的命运，所以我们还是非常高兴。20世纪80年代，通过考学方式离开农村是很多农村子女最理想、最省事的途径，也是很多孩子的梦想。一旦考上大学或者职业中专，户口关系、粮食关系都要迁移到学校，农村户口转为城镇户口，粮食供应转为计划供应，身份从一个农民转为干部，农村把这种变化称作是吃上了"商品粮"。

当时考师范学校的竞争激烈程度和现在公务员招录有得一拼。报考师范的学生还要等中招考试分数出来以后专门进行一场加试。加试由负责招生的师范学校到各县进行，当地教育局负责配合。1987年，信阳地区教委分配信阳师范学校向新县招生，信阳师范学校组织的加试在内容上分为三项，体育、音乐、美术。为了能够向高中、中专输送更多学生，吴陈河中学比较重视，在中考以后专门组织报考师范学校的学生办了一个补习班，对体能和美术、音乐等加考项目专门加强了训练。平时这些课都是可有可无,往往用来补课。

体育测试有三个项目:立定跳远、50 米往返跑、引体向上。美术测试有两个项目:现场画一幅静物素描和写几个美术字。我记得,当时静物素描画的是一个茶杯和一个苹果。音乐面试分为两个部分,先是自选一首歌进行歌唱。在两位面试老师面前,我演唱的一首歌是《小草》:"没有花香,没有树高,我是一棵无人知道的小草。"我五音不全,没有音乐细胞,没有歌唱天赋,但是我声音洪亮,吐字清晰,没有怯场的表现还是博得老师们的赞扬。接着是一位女音乐教师在桌子上敲节拍,让我模仿跟着敲。女教师敲完之后,我硬着头皮乱敲了一阵,也不知道节奏对不对,敲完之后就惶恐地看着老师。那一刻,我想起农村舞龙舞狮的锣鼓声。

加试结果,我获得加分。这是我能顺利进入师范学校读书的又一个重要原因。当时,考其他中等专业技术学校都没有加试,只要分数合格和体检过关就能入学。入读师范学校还要加试,显见政府对培养农村师资的重视程度,也反映了当年农村孩子报读师范学校挤爆头的事实。信阳师范学校 1987 年在我们县的录取分数线高出重点高中录取分 30 分,许多人考不上后又宁可回到乡镇初级中学复读再考,搞得新县教育局接二连三出台措施,其中学籍制度好像就是针对大面积复读现象出台的,学籍制度在后来不断被完善,不断被赋予更多的承载。

当时的信阳师范学校,是信阳地区的三所中等师范学校之一。招收的学生大多数是农民子弟。我们那一届 87 级分为十一个班,一至八班是普师班,培养的是普通老师;九班、十班是英语特长班,培养的是英语教师;还有一个班是体育特长班,培养的是体育教师。我被分配到87级2班,全班46人,同学来自信阳县、罗山、光山、淮滨、新县、信阳市区等地方。

1990年,信阳师范学校毕业以后,我被县教育局分配到八里乡神桥村——一个很偏远的村庄做了一名乡村教师。八里乡神桥村地处新县和光山县交界处,曾经是鄂豫皖革命根据地时期的红军的大后方。任教的地方虽然偏远,但民风淳朴。附近有一个很有名的丁李湾村,民居古老,拥有斑驳的白墙,墨绿的灰瓦,高大的八字门楼,曾经富甲一方的历史隐约可见。

神留桥学校是一个中学、小学一体的学校。校长是宋世奎,教职工接近30人。其中小学部有9个人,负责人是李敦昶。那时候,农村的教师几乎是清一色的民办教师、代课教师、转正教师,有复员军人、下乡青年和50、60年代的高中毕业生。我是小学部唯一的正规师范学校毕业的老师。当时,农村师资缺乏有几个原因,一是正规师范院校培养的毕业生普遍不多,招生比例较少。二是正规毕业生普遍留在市、县、乡(镇)所在地,工作条件较好,没有毕业生愿意到农村来。农村没有宽敞的职工宿舍,没有教学的辅导教材,没有便利的交通条件,没有合适的择偶对象。

除了承担农村孩子的教育任务,农村教师在70年代、80年代、90年代还要承担所在村、组的文化扫盲任务,也就是通常所说的"夜校",教学对象是农村没有上过学堂的农民,以妇女、老人、残疾人为多,二三十岁的青、壮年也有一些,30岁以上50岁以下的比较多。针对大字不识的人群,扫盲重点是识字、数学,针对小学没有毕业的人群是地理、历史、政治等有些文化背景的知识,类似于提高班。

我担任乡村教师时,充满了献身教学的热情。我走村过坎,哪怕一个人行走在荒山野岭的小路上,也丝毫不觉得害怕。个别学生交不起学费,我不是发动学生勤工俭学帮忙,就是在学校财务那里打欠条。学生家庭偏远,我一点也不怕夜晚的漆黑,走山路深入家庭家访,有时候就在学生家里吃顿便饭,还和学生家长双双醉倒为止。白天忙学生教学,晚上忙家长扫盲。学校附近的五个行政村,每个村都有扫盲任务。我基本上跑完了。没有人给我发补贴,但我一个月领百十块钱都感觉其乐无穷。

最难忘的经历是劝失学的孩子回校读书。1990年代前后,打工热潮兴起,年轻人一群群地离开了乡村,走向了远方。读书无用论在农村尤其突出,十几岁的孩子在家也无心读书,不愿意读书的很多,家长不支持孩子读书的也很多。最多时,我担任班主任的班级一下子跑了7个。有一次,我在一个学生的带领下到一个村里劝一名蔡姓同学返校。回校时天色已晚,我就帮蔡同学背起铺盖,一路踩着月光走回学校,谁知过不了几天,蔡同学又不辞而别。一个名叫徐成华的学生,遭到父母劳燕分飞的家庭不幸,父母外出打工长期不归,他和傻伯父在乡间一起生活,平时连个生活费都没有,更不用说交学费了,我几次劝他返学。这两件事给我留下不可磨灭的印象。

一名叫吕新凤的学生非常渴望读书,可是她的父母在开学报到注册期间总是拒绝给学费。到她家做思想工作,她父母爱用"女孩子读书无用"、"家庭困难"等理由进行辩解。这个女孩子聪颖,学习勤奋,也懂事早,如果不上学实在可惜。在校长、老师的劝说下,她勉强读到初二,还是被父母逼着辍学去南方打工了。去南方后,她还多次和班里的同学通信,勉励同学们好好学习,她还给老师写信,用娟秀、工整的文字表达自己的苦闷,控诉贫穷出身的无奈。

我当乡村教师的最初三年,是我人生最幸福的时光之一。我所教的学生中,既有淘气、闯祸与无心读书的孩子,他们人坐在教室里,心思却在课堂外,也有埋头苦读的用功学生,他们上课是那么用功、专注,也许是他们知道,哪怕去完成最难以完成的学业,也强过在冰凉的水田里对着耕牛吆喝。

我1993年离开神留桥中学。后来的岁月里,我有两次看电影时都泪流满面。一次是看《凤凰琴》,一次是看《一个都不能少》。电影里,演员李保田和魏敏芝的精彩表演与我那几年的教师生活很相似,所以引起了我的强烈共鸣,我的教书经历被电影唤起,回忆起在乡下教学岁月的点点滴滴。

为了让农村孩子们热情地参加集体活动,我曾搞了一次户外野炊,让学生每人带二两米,带锅的带锅,带油的带油,一起到一个人工水库旁烧火做饭。

为了让学生写好一篇游记作文,我有一次带着全班的学生游了光山县境内的东风寨,同学们前呼后拥,一举登上山顶,听着村民讲明太祖朱元璋当和尚时在这里讨饭化缘的传说,然后远眺泼河水库的水天相接处,俯瞰山下的小村庄和袅袅炊烟。

我还指导孩子们办起了油印作文小报,把好作文修改一番,然后刊刻上去,把散发着油墨香的作文报发给每个同学学习,为鼓励同学们写出好作文,编辑部还建立了微薄的"稿费"制度,发给作者当"稿酬"。

……

市场经济已经开始影响学校周边。1990年的时候,乡村的农村学校周边已经有很多小杂货店,大多数由教师家属经营,教师没有教学任务时也来帮忙,并不忌讳什么。农村的学生根本没有选择余地。一元、五角、三角左右价格的麻辣条、牛奶糖、乳酸奶强烈地吸引着孩子。一下课就有孩子往小杂货店跑,校长也只能睁只眼闭只眼。有时候,商品过期后还在货架上摆卖。

我2009年回乡,发现农村的学校依然很寒酸。每个乡镇只留下一座初级中学,小学更是大量撤并。一些麻雀学校都被合并到邻近的大学校,原来人声鼎沸的小学校空无一人。除了学校在不断萎缩,义务教育阶段的学生辍学率也在上升,一些出外挣了一些钱的农民已经把子女送往县城、乡镇中心小学,村庄学校里的生源还不如70年代充足。唯一有变化的是农村的师资力量较20世纪80年代、90年代已经大有改善,教书的90%以上是师范毕业生,而且教师普遍年轻化。

我们一届同班的师范毕业生,1990年从信阳师范学校毕业的时候,大多数被分配到乡下偏远的地方教书。2009年我回乡参加聚会时,发现他们已经有一半调到县城工作。我工作过的那个乡镇中学里,也有二十几个骨干老师通过托后门走关系、招聘考试等方式调动进了县城的中小学。

房地产浪潮兴起后,县城规模和人口不断膨胀,不断建起新的中小学校,也吸纳了大量乡村教师。这在官方文字中称为"城市化水平不断提升"。

那些留守在乡镇的老师,人人都愿意待在乡镇政府所在地,远离农村。和很多乡镇干部一样,他们中的大多数都在县城买了房子,每天早晨下乡,晚上回家,对教学的倾心度和投入量远远低于80年代。用一位老师的话说:"这是一个已经没有工作激情的时代。"

父母曾是计划生育的拥护者

对家乡的回忆,不能回避计划生育问题。面对很多家庭动不动四五个小孩的现实,童年的我们只知道打起架来很吃亏。在我们童年的时候,国家已经开始在全国城乡全面推行计划生育,虽然农村也是人口和计划生育工作的重点,但从推行手段上看,远远没有后来那般生硬、强力。

我的父母属于非常支持计划生育的农民。1975年,当时我的母亲发现自己怀孕后,和父亲商量一番后并在父亲的陪伴下跑到县人民医院打了胎。据母亲回忆说,当时是个女婴,如果生下来的话现在也30多岁了。

村里也有一些夫妇主动响应国家的号召,在生育了两胎后主动去结扎。这些主动的夫妇,都有一个明显的特点,两胎中至少有一个男孩。没有男孩的家庭在干部面前几乎都无动于衷,传宗接代的生育观念远远超过了对国家动员的响应。我们村里至少有7、8对夫妇到县城去结扎了,作为回报,村里给他们额外奖励了工分,提供了现金补助和红糖,还有肉票,对一些需要调养的妇女还给了假期,一段时间内允许不参加体力劳动。

1980年,中国共产党向全国的共产党员、共青团员发表了《公开信》,号召一对夫妇只生育一个孩子。从那时起,全国开始执行严格的计划生育政策,也就是农村俗话说的"政策紧"。是年之后,一胎化强制推行至城乡。官方说,1980年是计划生育工作具有转折性和标志性的一年。

一胎化政策一方面刺激了性别选择的欲望,另一方面强化了对夫妻私生活的渗透。计划生育工作成了上级对基层政府考核"一票否决"的项目之一。村干部翻墙进入私人住宅抓妇女去医院结扎的现象开始出现,抓结扎的队伍进村常常弄得村庄鸡飞狗叫,人心惶惶。

我的舅舅们受到计划生育的影响挺大。二舅是1950年生人,二舅妈第一胎是1979年,第二胎是1982年,全部是男孩。生育完两胎后,他们夫妇主动申请计划生育。小舅妈前两胎(1979年、1981年)是女孩,于是在当时受到村干部的极大关注。当时我的二舅是村干部,抓计划生育工作是村干部的头等大事,那时候的干部到群众家里做思想工作,一般要从自己的亲戚和宗族抓起。把自己的亲戚和宗族说服了,才能说服别人。二舅就因为劝说弟弟、弟媳去结扎,导致两家反目成仇。村干部到我的小舅家去挑粮、赶猪,被我小舅拿着菜刀赶走。但我的小舅觉得直接对抗不是办法,干脆带着怀孕的小舅妈跑到外面生下了第三胎。第三胎是个男孩,算是称心如愿。所以我的小舅妈生完小孩后,在村干部的劝说下主动去结扎了。不过,他们还是按照当时的政策交了一笔罚款。这笔罚款对于当时的家庭来说不是一笔小数目,以至于我的二舅和小舅在兄弟俩吵架的时候,还是把这件事当做血泪史拿出来控诉哥哥当时的顽固与心狠。

三舅结婚最晚，也经历了生育政策和生育意愿的冲突。第一胎是 1982 年，第二胎是 1985 年，第三胎是 1986 年，全部是女孩。为了躲避计划生育政策，1985 年 5 月的一天，他带着刚生下来才两天的二女儿坐车 50 里，走进了大姐的家门。他把女儿送给大姐及大姐夫养育。这样，他们村里就没有人知道他已经生下来了二胎，当然可以再生下一胎。可是天不遂人愿。第三胎、第四胎也生下女儿，其中一位女儿再次送给了别人。三舅从此灰心了，面对村干部日夜动员与宣讲惩罚性政策制造的压力，他内心有了认命的苗头，最后干脆放弃了继续追求男孩的努力。本来他已经在乡里当了电影放映员，现在一无所有，只能回乡当一名农民。

我的身边，一位堂叔也经历了计划生育的苦痛。在农村家庭，新婚夫妇的头胎一般都保留。所以这位堂叔的第一胎顺利生下来，结果是女儿；可是第二胎后还是女儿。在他媳妇怀孕期间，他们总是东躲西藏，搞得家庭及亲戚心惊肉跳。最远一次，他们悄悄跑到江西省的一位亲戚那里住下来，直到肚里的孩子顺利出生。那时候，村干部联合乡干部经常在村子里转来转去，到处打探谁家媳妇怀孕，到处查问谁家媳妇怀孕有无准生证，对村里经常出现的陌生妇女以怀疑的眼光审视。就是这样被严防死守，这对夫妇还是有过私下照 B 超并打胎的往事，有过把亲生女儿送给别人养的经历。如今回忆起来，他们对收养女儿的那户人家连名字都记不住。说起一个电视小品《超生游击队》，他们在认同中感慨万千。

那时候,"只生一个好"的计划生育标语到处张贴,中央电视台也时常播出这样的计划生育公益广告。在执行计划生育政策极"左"的年代,"超生就扎!"、"谁不结扎,上房揭瓦!"、"宁可错扎一个,不可超生一个"、"喝药不夺瓶,上吊不改绳"等恐怖的标语让人记忆深刻,以其血淋淋的暴力色彩给那个时代留下难以磨灭的印象,作为时代的印记而保存起来。相反,那些态度和蔼、语气温和的宣传语,如"山区人民要想富,少生孩子多种树"等,却不容易在脑海里记得牢固。

1990年至1993年间,我在新县八里畈乡的一个乡村中学教书的时候,就曾经被村支书热情邀请,利用业余时间在村与村之间的简易公路沿线粉刷过这种简单的标语。拿着一个刷子,提着一桶石灰水,跟在村支书的后面一路边走边写。我和村支书完成任务后,还在他的家里一起喝掉了几瓶酒精度数很高的沱牌曲酒。以后我行走在城市的大街上,看到一些街道两旁的墙壁上写着大大的"拆"字,就不自禁地想起我在农村书写计划生育标语的事情。

30多年来,计划生育宣传标语也在"无声"地发生变化。因为温情的口号总好过冰冷的口号,劝说的口号总强于恐吓的口号,口号的变化也多少反映了计划生育工作方法和作风的改变。

话说回来,现在的计划生育工作方式、方法和以前相比还真有点儿"温情脉脉"。即使曾经计划生育执行得最彻底的地方,现在计生政策也有了很大的松动。以前那种鸡飞狗跳、突击进村抓人结扎的情况没有了,再也没有号召党员干部先做计划生育榜样的广播与思想工作了,对怀孕妇女的亲戚和家人搞亲属连坐、集中有偿培训的现象也不再有了。

进行计生公益宣传和培训、核准发放准生证,然后针对违法计划生育政策的家庭进行罚款和征收社会抚养费,就是那些数以万计的乡镇计生人员的日常工作。

我有一个远房兄弟在1990年代中专毕业后托关系进入本镇的计生办工作。虽然没有正式编制,但生活也是有滋有味。镇里计生办为了养人,也默许人们违反计生政策,然后选择性地执法并罚款了事。用村里一些人的话说,几十年的计划生育工作变化很大,以前的计划生育工作就是断子绝孙,现在的计划生育工作就是罚钱收钱。农民心中有一个公式:"孩子数=钱",谁家钱多,谁家可以生的孩子多,没钱的话,只有让老婆的肚子受罪,但一定要让自己的老婆生下儿子来。

征收超生费成了一种额外的税收。检讨计划生育政策,挺的多,声讨的也很多,挺的是谁,反的是谁,阵营很明显。以前我们说粮食危机,可以说工业化毁田毁地的程度远远抵消了计划生育的效果。再加上,农村的很多土地都被撂荒了,池塘、水坝、沟渠等水利工程废置了,土地并没有很好地利用起来。这也是很多与计划生育有关的话题之一。

不过,历经30年不间断推行计划生育政策,人们的生育观念还是大大受到影响,自然也包括农民在内。

20世纪70年代初期,农村生育4、5个子女的家庭很普遍,生育8、9个子女的家庭也不少见。在农村生育太少的话,会被认为是人丁不兴旺,是祖先、居住风水不好等原因造成的。农村人互相之间比什么,就是比生育的子女有多少。我的外祖母从20世纪40年代开始到70年代,一口气生养了10个子女,5个男孩和5个女孩,母亲是她的长女。我所在的吴陈河镇龚洼自然村,生育9个以上子女的家庭也多达十几个,生育4、5个子女的家庭更是普遍。据一个统计称,1974年后全国范围内一对夫妇仍平均生育4个孩子。

但现在,"生得起养不起"的现状不仅深刻地影响着城市家庭的生育计划,更影响了农村家庭的生育计划。农村以生育两三个子女最为常见,生了4、5个子女的家庭已不是很普遍。外祖母的子女中,我的大舅也有5个子女,从我母亲以下每个家庭都是养了两个小孩,除了我小舅、三舅。目前,村里的家庭普遍以生育2到3个子女为多,不过总体数起来,村里的男孩数量远远大于女孩的数量。这个数目说明了生育意愿的变化,也说明了政策实施的实际效果。

与此相佐证的是,改革开放第一村——1978年在全国率先"包干到户"安徽凤阳县小岗村18户农民,大多数都有3个以上子女,其中严俊昌和严立坤有8个子女,严金昌有7个子女。严宏昌有5个孩子,最大的1970年、最小的1980年,可他的5个子女一共生养了9个小孩,没有再出现生育4、5个孩子的例子,显然是受了计划生育政策影响。

计划生育是农村人口凋敝的另一个杀手。青壮年流入城市后,农村的人口在计划生育政策下继续减少,特别是上学的适龄儿童普遍偏少,很多小学和中学出现入学率不足的情况。在 20 世纪七八十年代,一个县基本有 3 至 5 个高级中学,一个乡镇基本有 3 所初级中学,每个村都能保证有一个小学。到了 20 世纪 90 年代,开始出现乡镇中小学的合并潮。进入 21 世纪,在头十年里,我们县城只剩下一个高级中学和一个职业高级中学了,每个乡基本只剩下一个初级中学。听我的一位现在乡下教书的师范同学讲,很多小学和中学都合并了,原来只需要步行上学的农村儿童,现在只能坐车甚至寄宿。而且,好一点的老师基本都通过参加招聘、找关系调动到县城的学校教书了。县城的小学和中学越办越多,而原来的村小和乡中根本收不到足够的学生来开学。

如今,一些名人、富人超生现象沸沸扬扬,这说明生育权利不平等的现象在中国凸显,引发了人们对计划生育政策的理性思考。呼吁放开计划生育政策的声音强烈起来,成为平等运动的一部分。

现在,我的母亲就对当年的主动节育行为后悔,又对自己的小儿子充满了怨恨。因为我弟弟和弟媳两人同为读完医学博士学位的高级知识分子,很明确地拒绝了父母对他们再多生育一个孩子的恳求。他们夫妻在美国留学期间,曾经生下一个女孩。按照现有人才政策,他们可以继续生育一个孩子。这种可以再多生一胎的情况下不去生育,在母亲眼里简直是不可理喻的疯子。

"等他年老的时候后悔都来不及了。"母亲痛苦地对我们说。我读懂了母亲隐藏在话语中的含义,生育不仅仅是一个养老问题,还有一种情感的需要。

2011年9月,我母亲在郑州治疗腰椎骨折的时候,和老家的亲家在电话中聊天时就后悔地表示:"要是有个女儿就好了,当初不去打掉自己的女娃,在医院服侍我正好得力啊。男孩子服侍我倒尿盆、上厕所、换衣服毕竟不方便,心也不够女孩子细。"

计划生育对农村到底有多大影响,像我母亲这样的农村人根本看不清楚、说不清楚,他们只是模糊地感觉不好。不过,即使我们,又有多少人能清晰地知道未来呢?传统的家庭基本单位现在正在被淡化,在4+2+1的人口结构下,一种畸形的社会形态正在形成。人们不再有叔叔伯伯、舅伯舅叔、哥哥姐姐、表哥表姐这样的概念,不知道什么是"老"什么是"幼","团结、友爱、亲情"这些看起来十分朴素的品质,亲戚、家族这些维系社会的基本观念,还有多少存在于华人社会里呢?

不过现在,"单独二胎"政策已经落地,失独家庭的命运也受到了关注。未来,也许还有更多的改变。

理想,就是离乡

在中国历史上,农村社会向上流动的渠道本来就很狭窄。不说隋唐之前的门阀制度,就说实行了科举制度以后,通过科举这种途径改变命运的学子数量也极少。经过十年寒窗而名落孙山的比比皆是,一举成名毕竟是少数中的少数。在正常的向上流动道路堵塞后,大多数人只有在动荡和战争年代通过从军,靠军功获得上升。

1949年后,中国社会开启了全新的"政治录用"社会流动渠道。社会流动的主要条件是看家庭出身和本人的政治表现,还有上级的赏识程度。作为农村子弟而言,成为其他阶层的途径主要还是参军和招工方式。因为农村地区普遍不重视读书,通过考学途径流动的很少。工农兵大学生时代,公社推荐才是上大学的必要条件。

改革开放以后,历史问题、家庭出身、阶级立场等在社会流动中发挥的作用日渐衰微。随着知识眼界的开阔和公平意识的提升,随着外出务工、经商的松动,中国社会底层的大部分人向上流动的欲望增强,"改变命运"、"王侯将相宁有种乎"也成为一些农村青年的励志语言。

我们的农民,在被动情况下有自己的智慧。看到读书可以改变一个人的命运,马上就有后生加入到刻苦攻读的队伍行列;看到工程承包可以迅速致富,马上就有人仿效包工头送礼搞关系承揽工程;看到逢迎拍马胜过埋头苦干,就有更多的人加入拍马屁、钻营结党的行列。社会流动的模式对人的行为产生明显的作用。

20世纪70年代到80年代中期,大家热衷的还是能够当兵、考学、招工吃个商品粮,彻底改变农民的命运。一批又一批的村里人出外闯荡,从开始的凤毛麟角到后来的潮涌之势。

第一批走出去的人通过招工途径。在当时,县、乡政府已经开始有组织的劳务输出,一些比较庞大的国有企业也开始在农村招募没有正式编制的能够吃苦耐劳的合同工人。可在当时,信息传递远没有现在迅速和畅达,招工消息的传播途径、范围有限,加上人数、条件的限制,能否顺利当上合同工,在自身条件具备的情况下,还需要进行后台、关系的博弈。当时,组织劳务输出的政府部门是县劳动局,村里一些没有考上大中专学校的年轻人纷纷托关系、找后门认识劳动局的人,等候并参与一批批的招工考试。

在这种背景下,第一批出门闯荡的人产生了。我的村庄里,有好几个被中国建筑七局、中国建筑五局、河南省建筑公司等单位录用,正式成为合同工人。这在当时是农村的一件大事,亲戚邻居还要庆祝一番,送一些薄礼给出门的人"路上买水喝"。

第二批走出去的人通过考学途径。1978年国家高考制度的恢复,不仅受到上山下乡的城市青年普遍欢迎,也得到亟盼跃出农门的农村子弟欢呼。很多农村子弟因恢复高考而"农改非",成为了大中专学校学生,不少人毕业后成为干部、教师、工人和军人。农村重视读书的人因而多起来。这在当时也是农村的一件大事,带来的喜气不亚于一场喜庆。

第三批走出去的人通过自发途径。他们的年龄相对大一些,大多数人有了家庭,文化程度也低,他们的直接动机和目的是想挣钱养家,改善生活。在当时,农村和县乡的就业机会很少,工钱也比较少。于是他们背着行李,凑了一些路费挤火车、坐轮船,跑到远远近近的城市闯荡。对于这些离开家乡到外面闯荡的人们来说,现在在主流媒体或者官方话语里他们有一个共同的名字"农民工"。

一批人在南京拉架子车,为家家户户送煤球。这些人到南京后需要自行买一辆人力车,给煤炭公司缴纳一份押金,就可以替公司把煤块送到家家户户。那时候城市的家庭烧饭、生火、取暖,主要靠煤球,煤气、燃气还没有现在普遍。送煤球是一件脏活、累活,城市里大部人不愿意干。

我父亲在1985年、1986年加入了他们的行列。我父亲回忆起来说,拉架子车送煤很辛苦,尤其是上坡下坡。上坡的时候,拖着上千斤煤球的板车,头使劲向前探,身体几乎和地面平行,双手既要用力拖拽,也要保持平衡,一步一步地拉着板车往坡上爬。下坡的时候,头使劲往后仰,身体几乎和地面平行,双手既要保持平衡,也要向后使劲,防止板车的速度太快而失控。

没有生意的时候,他们就在煤厂附近聊天,无聊地打发时光。十几个人挤在一间十几平方米的旧房子里,每人的生活费不到三元钱。每人早上出发时就带一大壶开水和几个大馒头。饿了、渴了,就停靠在路旁吃一个馒头,喝几口水。

其中有一位邻居在南京送煤球的时候出了车祸,从而客死他乡,被火化掉了。邻居火葬加上客死他乡,又留下孤儿寡母,这在当时的农村看来,已经是非常悲惨的命运了。现在已经没有人记得清,当年他死亡在南京什么地点,不过他的三个儿女已经长大成人。

一批人远赴北京、天津农村为人种田、种地。他们为多挣一点血汗钱,劳动强度之大、工资报酬之低难以想象。我母亲曾经在1988年加入这批人的行列。1988年春节后不久,我母亲与村里几个妇女相伴,在工头的带领下,从家乡出发,在信阳坐上到天津的火车。当时,买一张座位票都很难,母亲他们一行二十多人全靠工头张罗。火车上,这一群人一路都舍不得花钱买东西吃,每个人都吃自己带的干饼和煮鸡蛋。五个多月后,母亲她们回来,除掉来回路费,差不多半年的时间只带回100多元。母亲说,她们弯腰插秧,腰酸背疼。以现在的眼光看,这个活计非常不人道,引人心酸的程度与一部苦情剧相差无几。

现今村里的富翁就在这些人中产生。说起村里的富翁,当然无法与登上胡润百富榜上的人相比。百富榜上的人们动辄上十亿、百亿,在全国范围内都是响当当的。村里能称上富翁的,是和目前村里相对贫困的人群比较,也是和一贫如洗的从前比较。

在省建筑公司或者中建几局里的合同工人，在艰苦的环境下刻苦自学，熟练地掌握了开方挖土、起重卸货、搞钢结构、浇混凝土、看工程设计图等本领，拿专业术语叫"熟练工人"。一批有头脑的人开始接项目，搞承包，从家乡带几个人组成施工小组，然后扩展为工程队，他们与公司的上司喝酒、结交，给手下开工钱、发工资，俗称"包工头"。我的一个叔父随公司先后转战南阳、镇江、徐州等地，在亲友中拉起一个工程队，在县城买下一栋别墅，只有逢年过节才回家。一个远方大哥，在省建筑公司工作多年，在郑州定居，买下一辆出租车让老婆跑出租，自己接活干，如今也是富甲乡里，成为村庄的"名人"，村庄建小学、铺村路、修族谱，他捐献比较积极，在家乡父老面前说话很有底气，很有地位。

一个大哥，在20世纪80年代初期到天津去插过秧，包过地，后来又到南方打工，误入了一个传销集团。挣脱传销头目控制以后，回到家乡并在镇上开了一个杂货店，专卖日用百货和小五金。虽然他外出打工没有赚到多少钱，但开阔了视野，口才经过传销头目的训练后极大提升，在集市上做买卖时能够巧舌如簧推销自己的商品。若干年后，他在县、乡都买了房，也买了一辆私家车，供子女上了大学，生活也算富足。在县城、外地打拼的本姓族人中，他上串下联，也是活跃人士。

以地位和影响力计，农村的精英人物主要有三类，一是村干部，一是农村的读书人，一是在市场经济浪潮中脱颖而出的致富人。

村干部是国家与农村社会的连接器,自古都是村庄里的土著精英。他们实现国家的主张与利益,同时也充当着国家机器的神经末梢,经常将国家政策在农村遭遇到的抵抗及压力传递给国家的基层官员。

随着乡村贫富差距的拉大,原先在村里说话有地位的干部,也逐渐丧失了威信。在村民眼中,他们做事情的"公心"远远不够,其实更深刻的原因是他们在经济地位上的优势丧失。他们除了承担催收上缴款、维护治安等给农民带来负担的任务外,不能给村民带来就业出路,或者改善农村环境。农民也很实际。

不管是什么时代,农村的知识分子都是农民队伍中的精英人物,是乡村社会的稳定器,可是现在,这些精英人物多数流向了城市,大多数时间生活在城市。在新一代农民身上,已经很难找到传统农民的那些习惯。我的一个亲戚早年贫苦,成年后到北京打工,通过努力打拼当上老板。有一次,他从北京来佛山视察工地,来时坐着飞机来,我们到佛山机场去迎接他。我们没有想到,他也是非常注重仪表与形象的人,梳着整齐的头发,穿着得体的服装和很干净的皮鞋,细节一丝不苟。我不禁在想,这时候他们还是农民吗?

理想,就是离乡。农村从古到今都承担了向城市输血的重任。每一个出生在乡村的人从小都接受这样的教育。"一等人忠臣孝子,两件事读书耕田。"祖辈的教诲更激励着子孙后代通过自己的努力离开乡村。帝国时代,农村向城市输送了很多科举进士和帝国士兵,现在开放时代,农村向城市输送了数以万计的学生和工人。他们本为建设乡村的主要力量,却迫于经济压力而走进城市,而乡村却逐渐没落。除了房子翻新外,别无新意。

值得关注的是,进城的大学生被视为农村的精英,却很难被认同为城市的精英。大学扩招以后,农村孩子非常艰难地考上大学,意想不到的却是就业更加困难。城市的城中村、工业区挤满了对前途充满失望甚至绝望的农民大学生,一类是考不上大学读了一个职业技术学校或者职业技术学院的人,这类人良莠不齐,差别最大。一类是考上名牌大学然后就业远远低于期望因而反差很大的人。

他们没有扎根农村的情感与能力,也没有融入城市的技能、土壤与制度条件。他们在体力上没有父母的吃苦耐劳能力,但他们接触和浸染了新思想,具有父母不具备的深刻独立思考能力,对压迫、剥削、不平等和不公平现象心怀不满,行为上也不再忍辱负重。但是,他们的声音得不到重视,愿望得不到满足,利益得不到实现。

"农民既是现存秩序的坚固堡垒又可能是社会革命的突击部队。"塞缪尔·P·亨廷顿在《变革中的政治秩序》中这样说。可以预见到,如果不重视解决他们的诉求,上层社会将会为他的傲慢、麻木和贪婪付出沉重的代价。

"一样生,百样活。"

除了离乡的,也有大量留乡的村民。他们的政治生活里只有邻里关系、亲戚关系,很少关心国家大事。可以说他们目光短浅、内心自私、不求长进,因为他们不关心谁来当国家主席,只关心田里、地里的庄稼和家庭的收成。但另一个角度想,既然他们对这些无能为力,为什么要关心这些东西呢?不关心政治大事,其实是农村生活带来的经验性体验,并非他们具有隐忍偷安的秉性。

留守在村庄里的很多老人在改革开放已经30年光景下还在怀念毛泽东时代。即使那个岁月他们这些农民吃不饱、穿不暖,整日忙碌,但他们有一种无忧无虑的简单、快乐。他们怀念的显然不是红薯饭和南瓜粥,也不是饥饿和灾荒,而是夜不闭户、路不拾遗、邻里相亲和目前经常提到的社会公平、正义、廉洁。

何处是归途？

豫南的乡村，农家最常见的水果只有寥寥几种，如杏子、李子、桃子、柿子、梨子。荔枝、龙眼和香蕉这等岭南佳果，在农村难得一见。1970年代或者1980年代的时候，供销社偶尔有这些水果卖，只不过不知道是什么人买走了。

我家就栽种有好几种果木，板栗树、银杏树、桃树和杏树。杏树就栽种在门前，树龄和我的年龄一样长。杏子一般成熟在麦子金黄待割时候，因而称之为"麦黄杏"。可惜的是，自从我读书离开家乡后就再也没有吃过它的果实。虽然有时候我也会回到家乡，但每次恰好都不是杏儿成熟时。屈指算来，我已经20多年没有尝过家乡"麦黄杏"的滋味了。

有一年回家，正是麦黄季节。接过熟透的杏子，轻轻一捏就成两瓣，露出坚硬的核仁，咬一口柔软的肉，熟悉的味觉从味蕾迅速传导到大脑。乡村已发生了巨大的变化，唯独我家门前这棵杏树，依然结出"麦黄杏"，原汁原味地等着我归来。

我们一家人东奔西走，杏树仍然长在门前自个儿开花、结果，然后成熟、跌落。倒也便宜了小鸟，它们在树上毫无顾忌地啄食成熟的杏子，再也不用担心被驱赶。倒也便宜了小孩，他们嘴馋了的时候就奔来我家门口，用竹棍打下几颗回去吃。有时候,晚上一刮风,第二天就有小孩子钻到树下找杏子吃。

小小的村庄相对庞大的国家,虽然如同沙粒一样微小。但我们的记忆中,老百姓从从容容的寻常日子泛出别样的幸福与美丽。

又有一次,我春节回家的路上,看到了下雪。后来,我读到一首关于下雪的诗句:

  错落的屋顶　落满了半尺厚的雪
  安静的村庄　看不到一个人影
  他们都在屋子里烤火吗?

      ——唐欣《列车上看到雪》

诗句表达的何尝不是我的思绪?

记忆中,下雪的时候,雪花飘落在静静的村庄里——田野上、山洼里到处是白茫茫的一片。但那时不会有气势汹汹的拆迁队伍突然逼进院落,不会有庞大的高速公路和高架桥削掉山头和截断河流。虽然现在到了下雪的时候仍然如此,但时代前进的步伐超出了所有人的想象。

"我希望找到一个这样的地方,人们依旧在耕田种地,他们的生活节奏与农田时令合拍。"美国人彼得·海斯勒在《寻路中国》中写下的句子让我产生强烈的共鸣,我多么希望我的家乡依然还保留在田园诗一般的生活景象里。

在我的家乡,总是能感受到天地之美,四时分明。以往我到外婆家,要沿着小潢河岸边的山间小道走五六公里,趟过几道石头桥。在山间时,踩着松针一路行,可以摘山楂,可以采兰草,可以看红叶。在趟河时,可以略略停顿片刻洗掉脸上的汗水,把脚伸进冰凉的河水里消消暑气。

可现在回到家乡,我发现"大广"高速公路建成后,以前我爱走的山间小路被又直又宽的大道替代,一座座需要爬过的小山被现代机械撕开了一个巨大的缺口,一道道需要趟过的小河上架起了高高的桥梁。京九铁路离外婆的村庄不到一公里远,坐在屋里就能听到火车经过时的"呼隆隆"、"呼隆隆"声。

昔日炊烟袅袅的村庄颓败了,捉过鲫鱼螃蟹的小溪填平了。在激励变革的现实社会里,改变乡村面貌的行动却并非来自农民自身。村庄变迁的现实让我的内心体验强烈而又复杂,很难厘清其中的百感交集,分清其中的酸甜苦辣。

最要命的是,村庄的青壮劳力对外出务工的诱惑几乎难以抗拒。除了有人远赴新加坡、意大利、日本、韩国等国以外,也有的人就近在县城、省内打短期工,当建筑工人。

我的邻居姓向,我称呼她向三妈。向三妈如今已经60多岁年纪,仍在辛勤地耕种自家的田地。除此以外,还负责种了我父母的责任田地。我家的茶叶、板栗、杏桃、山林都由她家负责照看、采收。她在电话里总是问我们何时回乡取一些来。我说,不必了,你的劳动就归你的,如果没有你的照看,一样是没有收成。她最后说,干脆就折算成钱,到时给我的母亲。

我问起村里的一些老人。她告诉我,我童年时熟知的父辈及年长者,一些人已经去世,还有少数人仍健在,一些人到子女打工的城市帮忙照看孩子、帮忙煮饭看家护院。偌大的一个村庄,现在几乎看不到年轻人。以前家家扯猪草养猪、喂鸡,家家用农家肥来亲自种菜,现在还有几家几户在保持这种生活呢?

"一畦春韭绿,十里稻花香。"《红楼梦》里的诗句营造出的闲适唯美意境常常让人向往,实际上,在过去,这在我们家乡也不过是寻常的景致。如今农村已经没有了过去的生机,每一个空荡荡的村庄里,只剩下了"386199部队",即妇女、儿童和老人,田地里辛勤耕耘的只有平均年龄55岁以上的老人。

2012年国庆回家,我再次看到村庄上空灿烂的天边云霞、村里纯净的儿童眼睛、沧桑的老人脸庞,还有落满尘埃的祠堂。但最深刻的印象,还是村庄的空荡。一个只有4岁的小男孩怯生生地站在我家门口向里张望又不敢进来,童年的寂寞反映在他的脸上。他的父亲长期在外面打工,每年回家一次,他对每一个从外面回来的人都很好奇。

也许这个少年的天空,还是那么辽阔。他尚懵懂不知,祈求快乐简单。我们却觉得,这个时代,有时候让人感到生机勃勃,有时候却使人觉得心烦意乱。

如果农村失去生机,不是城市化的胜利,也不是国家的胜利。在宏大叙事中被屏蔽的普通人的生活是多么庸常和不堪,农村变成这样,可以看见寻常中国的痛处。我们在哪里还能看到许许多多的人有植物般的幸福?

早起的人披着晨光/奔走在各自的路上/睡梦里的孩子/还在回味昨天的糖/疼痛和日出的阳光再一次相望/对着天空想象,理想还有些微凉/山冈和田野,都盛开着浅色的希望

・故人

父辈仨

我的大伯父 90 岁了,仍然耳聪目明,让人好生羡慕。他是我的堂伯父,并不是我的亲伯父。我 2012 年回乡的时候,专门搭车到乡里的养老院去看望他。

一边聊天,一边听大伯讲他的往事:

"我记不清公历是哪一年出生,记得是民国十三年。"大伯父开口说道。我一听就乐了,我想现在还记着民国多少年的人可真少见了。"我出生几岁就和父母一起逃饭到江西。当时没有马路,步行到信阳,坐火车到汉口,汉口到九江,从九江坐车到江西德安住下来。"

"我是 16 岁的时候,和我大一起回来老家的。我妹妹出世没有多久,我妈在池塘洗衣服的时候,衣服不小心滑进池塘中央,她去捞衣服时掉进池塘里淹死了。那时候听说日本打来了,老家没有日本人,居住相对安全一些,我大就带着我和妹妹一起回来了。""大"是我们村庄对父亲的称呼。

"回来的日子也不好过,田地没有,在山上开一些荒地自己种,有时候也打一些柴挑到集市上去卖。那时候兵荒马乱,共产党和国民党经常打仗,在这里走过来,走过去,日子过得也不安全,整天提心吊胆的,怕被抓了壮丁,一有队伍来,不管是哪一方的,我们就躲到山里去,等湾(村)里人来喊才敢出去。我们保长还不错,有抓壮丁的时候,他不出卖逃壮丁的人。

"我特别怕打仗,既不想参加共产党,也不想参加国民党。那时候没有想到要博取功名,只想做一个平头百姓,有饭吃就满足了。当时还看不出哪一方能得天下。

"后来这一生也没有大磨难。最大的磨难是1959年,一个壮年没有东西吃。当时吃大锅饭。龚洼村四个生产队,每个生产队都过大集体。不准家庭做饭,大家都去吃集体食堂,打饭吃。为了搞好大食堂,杜绝每家每户私自点火冒烟,各生产队互相进行监督,当时采取'推磨'的办法,谢冲生产队到我们生产队,我们生产队到陈河生产队,陈河生产队到吴湾生产队。

"我们队抽了好几个人去陈河生产队住下来,我是其中之一,我还好,主要是给陈河生产队管食堂账,不是监督每家每户私下里煮不煮饭。虽然管着食堂,但是也不敢多吃啊。我们在别人的生产队,时时刻刻也被监督着。多吃或者占便宜报告上去要挨批斗的。

"那时候,我们这里没有邻县的光山县饿死那么多人,但也普遍吃不饱,饿饭,人人也都是面黄肌瘦的,脸上是菜色。那一年我们这里也死了一些人,主要是年龄大的、平时有病的,新县说没有饿死人,但那些人是不是饿死,很难说得清楚啊。

"年青的时候,我的饭量大,吃不饱饭。但是我的力气也大。举全县之力修建浒湾大桥的时候,我都是施工队队长,干铺石条的活。不过,我在修建浒湾大桥的时候受过一次重伤。左胳膊脱臼,腰椎骨被上千斤重的石条砸骨折。被紧急送到新县医院救治。好在命大,活下来了。从此以后,我不能做重活,干苦力不行了。后来做了生产队的会计,不敢干太多的下力活。

"1980年左右,我跟在红安县七里坪相识的蔡四一起贩牛,到息县、英山、大悟等地收购肉牛,用车拉到新洲屠宰。新洲属于武汉管,屠宰的牛肉供应武汉市。买的肉牛主要是不能干活的老耕牛,外出要开介绍信。这样过了好多年。"

我的大伯嗣下没有男丁,女儿读过书,嫁出了村,没有走招婿上门的老路。因为一个人生活,所以他老了就被村里确定为五保户,送往养老院。在养老院,他知足常乐,经常帮养老院的员工在菜地里种菜。养老院种了一大片菜园,养了几头猪,既是为了自给自足,也是为了减少运营成本。他关心时事,还经常看新闻联播对时事发表评论,这种评论往往是他所经历的几个时代的纵向对比。

大伯父虽然如此贫困,却仍然生活得认真、投入。"这辈子就是平平安安。"大伯对我说。幸福就是甘心,甘心接受上天的安排。这份人生态度,超越了很多东西。我知道,不需要我再用什么语言去安慰已到人生暮年的他。我离开时,大伯父拉着我的手,我也紧紧握着他的手。那双手经历了多少沧桑,不知道有多少故事,埋藏在岁月的缝隙里。

我的二伯父是我的亲伯父。

我的爷爷奶奶共生育了3个儿子,大伯父解放后在宜春参加工作,与父母随迁到老家农村后不久病故。二伯父过继给爷爷的堂弟，他比我的爷爷奶奶早两年回到河南老家。他1965年入伍，曾经在内蒙古当过骑兵，退伍后在公社承包了一个砖窑厂。后面又承包了乡里的水泥预制厂。预制厂专门生产水泥楼板、大梁、电线杆和排水管道。我的父亲就跟着他，1987年开始在预制厂里打工。用今天的眼光看，他是一位名副其实的民营企业家，出席过县里举行的万元户表彰大会，在当时算是乡里的经济风云人物。

正在他事业如日中天的时候，发生了一件影响他经营的大事情。他和几个亲戚凑份子去平顶山、焦作合伙贩煤。由于二伯父当过兵，在他们中间被公认见多识广，所以生意款由二伯父保管。他们几个晚上住在招待所，白天就到煤矿转悠，结果遇上一位自称有门路的高个子男子。谈好价钱和数量后，那男子提出要预交一笔款项，因为煤炭比较紧张，必须提前打通关节才能尽快发货。如果能认真推敲和再谨慎些，这个并不高明的伎俩就很容易识破。但那时，他们几个的发财梦正香酣，对危险浑然不觉。二伯父按照大家的决议"自觉自愿"地把价款交给了那男子。那男子说去联系车皮就失踪了，结果回到家乡，那几位亲戚就到县法院起诉，告二伯父诈骗。为了洗脱清白，我的二伯父就自费出钱请法警到安徽、郑州等地寻找那位男子。警察也不是神仙，这种人哪里寻得着？看着二伯父的愁容，我无法帮助他，却在内心有很大触动。我以后决心走上学习法律的道路，也脱离不开这件事的影响。为了讨还一些债务，我还帮他写过诉状。

二伯办的这个预制厂,经过多次搬迁,每次搬迁都扩大规模。随着农村房屋开始由土房向砖瓦房的转变,预制厂的生意不仅在本乡红红火火,而且名声不断向周围乡扩散,后期还采取合作、入股的方式在千金乡、浒湾镇、晏河乡和红安七里坪分别办起了预制厂。一起合作的老板都称我的二伯父为师傅。在乡镇经济兴起之初,一个效益好的厂企往往要应对各种关系。他的预制厂红火的时候,连乡长都安排自己的家属在预制厂"上班",胖胖的吴婶光领工资不干活,一个月只在厂里出现几次。预制厂还要经常招待信用社、工商所、税务所以及乡政府的人。最后,他这个预制厂死于债务和官司。有些单位和个人经常拖欠货款,弄得他缺少流动资金,又被水泥厂等单位告。1998年左右,他不再经营,而是跟着儿女到浙江去打工,一边带孙子,一边捡破烂。2006年年底,他第一次中风。2012年,他在郑州走亲戚的时候,第二次中风。

我的父亲排行老三,是我奶奶最小的儿子。我爷爷奶奶当年从老家逃婚到江西宜春,解放后在江西宜春市当上了工人。

为了解决职工人数急剧膨胀与农副产品供应紧张的矛盾,1962年2月7日,周恩来在扩大的中央工作会议上提出:精简职工人数,减少粮食供应。中央成立"国家机关编制小组"和"中央精减小组",领导全国精简职工、精简城镇人口工作。5月,中央政治局常委会议再次提出要把城镇人口减少到同农业提供商品粮、副食品的可能性相适应的程度,要求将全国职工再减少1056万到1072万人,城镇人口再减少2000万人,精减任务要在1962年、1963年内完成。

我的爷爷奶奶就这样响应国家的号召,自愿拖家带口从江西搬回河南省新县龚洼村当了农民。搬回老家的家当中有一台留声机和若干老唱片。我们在童年的时候,还经常拿出来摆弄。由于不容易买到唱针,唱针用完以后,留声机再也没有发出声音。

1962年,我的父亲13岁,就跟着我爷爷奶奶从江西迁回老家,转学到村里继续读书一直到高小毕业。当时的学制,初小三年,高小三年,毕业后可以升入中学。我父亲不爱读书,成绩也不理想,毕业后就当了一个农民。我父亲因为在城市受过几年教育,有一点音乐底子,加上自己对音乐入迷,无师自通地学会"鼓捣"几种乐器,所以被抽调到人民公社参加了宣传队,平时承担宣教演出任务,也在全县组织的修建香山水库、浒湾大桥等大型工程中专门提供演出,为参加大会战的社员鼓劲打气。他是专门负责拉二胡的,有时还兼任节目编排和导演。正是在宣传队期间,父亲学会了手工制作二胡。

人民公社宣传队解散以后,我的父亲又爱上裁缝这门手艺,还专门拜了一个师傅学裁缝。父亲的童年和少年在城市度过,让他对城市的生活充满向往。他内心里一直不想当农民,总是想通过掌握一门手艺的方法摆脱做农民的命运。裁缝学徒期满以后,他就到乡间为别人做衣服。正是在我外祖母的村庄做裁缝时,他认识了我母亲。我母亲决定嫁给他的原因之一也是因为他有一门手艺。

爷爷去世那年,父亲才二十多岁,全家乱了方寸,穷得叮当响,买棺材的钱都没有,在亲戚好友中借了一圈,才凑齐了买棺材办丧事的钱。我们住的地方很窄,停柩的地方都没有,只好借了生产队的文化室。当时正是破四旧的高潮,提倡丧事新办、移风易俗,不准请念经、唱道场、撒纸钱、摔火盆,如果被检举揭发到公社就要挨批斗。农村的人挺纯朴,宗族观念也很强,即使是平时有过明争暗斗,也没有人会到公社去检举揭发,他们视丧事为放下分歧和相互和解的机会,上门来吊唁,磕头作揖送别去世的人。这件事强化了父亲的宗族观念,后来反复对我们讲"父族万年长"的道理。

虽然不愿意做农民,但养家的责任还是把父亲困在农村。他一边当农民挣工分,一边为人做衣服补贴家用。后来,到了改革开放年代,我的父亲就出去打工,到南京拉过车,最后在二伯父的水泥预制厂打工,供养我和弟弟上学。我和弟弟参加工作以后,他并没有停止劳动而是继续种田。年轻的时候,他不安分去做一个农民,到他年老的时候,父亲已经彻底养成一个农民的习惯,整天盘算着责任田的收成。他每年到我和弟弟家小住一段时间,一到春天该播种的时节又急着回老家去"农忙"。如果一定要强留他,就会让他焦躁不安。他也知道,路途上的车费足以买下他一年的收成,但他要的是那份当农民的自由自在。

自耕的闲暇时刻,他"老夫聊发少年狂",突然某天开始自制一把"二胡",要在放牛的时候拉。这把二胡,由于没有琴弦而成为半拉子工程,被留在老屋。每次回老家,我都发现父亲亲手制作的二胡还挂在卧室角落的木柜旁,被厚厚的灰尘掩盖着,谁都不愿意碰它。但它潜伏在那里,悄悄地提醒着我们父亲曾有过的青春。

2006年,父亲一个人收割完稻谷、挖完红薯之后,从河南老家的乡下千里迢迢奔赴我这里过春节。他不怕辛苦,背着几十斤的红薯粉条、花生、青萝卜,一路上风尘仆仆。谁想,他在某天夜里突然中风。经过一个月的治疗后,他的腿脚就不再利索。2007年劳动节后,他执意要回老家养病,我只好把他送回老家乡下。一踏上家乡的土地,他就呜咽起来。他对我说,哪里都不去了,就老死在家里。

其实他还有想再去看看的地方,那就是江西省西部一个叫宜春的城市。那里有他童年、少年的快乐记忆。在他的记忆里,宜春是一座小城,城市依江而建,平时江水清澈、平静,他和哥哥经常在江边玩耍,并且学会了游泳。自由泳、仰泳等泳姿都会,并且水性很好。上学之余,他还经常和哥哥一起勤工俭学,用拣来的废品换冰棍、换文具。

和父母一起迁回老家后,宜春这座城市就存留在他的记忆里,一有机会就泛起来。

第一次中风以后,他还有能力去宜春去看看,他本来想和他的二哥,也就是我的二伯一起去的。谁知,二哥也中风了,比他还严重,走不了。我们说陪他去,他拒绝了。和一个没有共同宜春记忆的人一起,索性还不如不去。

"我相信,你们不了解你的父亲。"

我的一位堂哥,在我们一次回乡时,一边打着酒嗝,一边对我们说。那次,我们回到家乡,邀请了父亲的村邻好友以及亲属在我家团聚。我的父亲就坐在轮椅上,听我们闲聊,脸上挂着笑意。

少年伙伴今相见

30多年前,一个少年坐在祠堂前的石台阶上,脸朝太阳,旁若无人地玩弄手影。旁边有人走过,这个少年仍然沉浸其中,自始至终都没有转身看一眼。

这个少年,正是眼前的胖阿哥。阿哥的家早已由土坯房改建成红砖瓦房。来到他家门前,发现他家旁边的老房子依然还在,仍是那么宁静安详,老房子墙上"伟大领袖毛主席……"的残缺标语依稀可见,掩不住时光带来的岁月感。

30多年的人世沧桑,让他和我在一起有点恍若两个世界,能够引起共同话题的只有对童年的回忆与记起"丑事"的欢乐。

小学三年级时,他是我们这一帮孩子中的孩子王。有一次,他带领我们和邻村一帮孩子"打仗",他想出"诱敌深入"的办法亲自把邻村孩子引入"伏击圈",然后我们其他一帮孩子冲上去,高喊"缴枪不杀",对方一帮孩子只好狼狈投降,然后到老师那里告我们状。放学后,大家排队离开,老师把我们这支队伍留下来,等其他村的队伍消失在视线后才允许我们开拔。当时的情景如尘封的老酒一样浮现在我们的记忆面前。

阿哥虽然比我大好几岁,但小时候和我一起读书,在一、二、三年级时都是我们班的班长。老师选他做班长并不是因为他学习特别优秀,一方面是他比我们都要大好几岁,身材与力气能够镇住所有同学;另一方面他并不太爱惹事。他读完小学三年级后,就辍学了。他父亲是抗美援朝退伍军人,每个月还有残废津贴,认为农民始终是要在家种田,文化没有多大用处,他已经认得不少字,数学足以满足算账的需要了。从此阿哥离开学校,先是放牛,后是跟着大人学耕田,农闲打柴去卖。

我读到初中的时候,他开始到乡里的预制板厂打工,农忙时可以回来种田、插秧,不耽误做一个农民。1986年,阿哥开始跟着村里一帮人到南京拉架子车,替人送煤球。1990年,他从南京回到家庭,开了一个豆腐店。每天早上挑着担子,走村穿寨地吆喝着"卖豆腐"。有的村子大,有的村子小,稠密、稀疏不同,他走的路线也有不同。那时候,既可以直接用货币买豆腐,也可以以物换物,拿黄豆来换豆腐。他每天要做30多斤黄豆,一斤豆腐2、3角钱,品种有臭豆腐、豆腐皮、豆油精、水豆腐、豆腐干等。

有一段时间,我发现他在各村各湾卖豆腐时,连鸡蛋、大米都收,中间有一个换算价格,比如一个鸡蛋换一斤水豆腐、一斤水豆腐换一斤大米等等。这里既反映了农村以物易物进行交易的灵活性,也反映了农村当时流通货币的紧缺性。

在20世纪最后十年,阿哥先到北京、天津一带给人种田,那时候北京、天津一带的农村大量的耕地、农田被外地农民承租、交租,然后卖粮变钱。

进入21世纪,阿哥先后到厦门、浙江绍兴,到建筑工地当过泥瓦工,也在工厂当过电焊工。阿哥也来过广东,在佛山市顺德区一个叫陈村的地方为一户人家当过花农,干些侍花弄草的活计。

这几年,阿哥不再出门打工。农村的房子漏水、淋雨需要检修,别人会请他修房子,农忙的时候需要耕田、育苗、收稻,别人也会请他帮工,当然雇主每天会给他100元左右的工钱。在这个时代,邻里免费互助的情况已经非常稀少,因为邻里之间已经没有免费的劳动力可以对等交换。

这时候,因为家里没有劳动力,被迫将责任田抛荒的现象很常见,随处可见长满稗子和野草的水田。荒芜的水田在很多人眼里熟视无睹,但看在种田能手眼里,叫他们心里发慌。阿哥自己也耕种一批别人抛荒的稻田,收获后卖出一批粮食。

由于阿哥经常离家,与儿子的感情很差。父子在一起的时候,有点像两只红眼的"公鸡"。有时,阿哥不留情面当众批评儿子的不是,面子受到损害的儿子就会激烈的反抗。由于聚少离多,父子之间的亲密时光并不多,儿子无法在成长中得到父亲经常性的鼓励和心理上的疏导,父亲也无法把内心的情感用正确的方式放入儿子可以理解的世界里,因而父子关系的疏离是常态。但好在,现在儿女终于长大了。

那天我到他家的时候,他把我让进门,一边高兴地和我打招呼:"兄弟,回来了。在外面过得还好吧。"

闲聊中他告诉我,他年龄已经大了,以后就守在家里不出去了,不再受那种颠沛流离苦了,再说新房子也盖好了,一双儿女也大了可以自己出去打工了,再不需要他养活。

他家堂屋的中间,依然供奉着"祖宗昭穆神位"的香案,香炉里落满了香烛燃烧后的烛泪和焚香的余烬。空荡荡的屋子里,家具上好像有一股发霉的味道。儿女的房间里,蚊帐、床单被套齐全。他看到我的表情后解释说,怕儿女突然回来。这就是父母的心思,不管儿女漂泊在哪里,总是在家做好儿女远归的准备。在万头攒动的城市,农民们打工挣钱的梦想之花经历了风霜雨雪,可他们回到家乡依然谦卑如泥土,平凡如小草。

阿哥如今相信命运。他说,命中一斗米,不可多一升。投胎到农村就没有选择。这实际上是宿命论了,有点认命的意味。我没有接他的话,却在心里想着怎么认识他们对命运的理解。即使他们身背命运枷锁,或者身处卑微之境,每个人都有他自己的精神世界。我们生活在的这个现实世界有着万般苦难,每个活着的人都需要给自己寻找一种精神寄托。

他的镇静让人吃惊,在异乡充满善良与胆怯眼神的那个汉子不见了,人生中所有的苦处都被现在这种平静覆盖了。他们曾经在心里呐喊。可是,他们一回到家乡,就好像十分安详。

是家乡阳光的温暖,还是宁静的自然,让他们变得那么安详,那么柔软,不得而知。

外面的世界正在发生大变动,他们生活在村庄里却茫然不知。身处底层的他们,之所以面对快速的社会变动有一种无动于衷的茫然,是因为他们和国家、时间、环境的关系无法发生改变,他们被外加的速度所裹挟而不是用自己的速度改变。他们不是社会的精英。他们疲惫,身影孤单,让人觉得沉闷,也有些压抑,可你都得接受。这才是他们现实中的真面目,但我们不能轻视他们的存在。

　　乡村的生活仍是这样真实可触。虽然我长期在外面见证时代的气味,但一走进村庄就觉得我从没有离开过家乡。阿哥用他大半辈子的经历,演绎了一个似乎永恒不变的人生困局——无论如何辗转挣扎,终究要回到最初的原点。

在佛山打工的老乡们

在市场化进程席卷一切的今天,对从乡村漂泊到都市的农民工来说,家乡是一个沉重的话题,那里有过他们的童年岁月,只是时代让他们背离乡土。家乡对于他们而言,成了一个"熟悉的陌生人",于是认识自我就成了一个重要问题。

在广东佛山,就有一群我的亲戚们。

一个叫冬梅的堂妹,嫁的丈夫也是本乡人。他们属于自由恋爱,在北京打工时相识。丈夫在北京学过厨师,在北京烤鸭店当过大厨。他后来却没有坚持在北京继续从事厨师行当,而是在2007年跟亲戚南下,到广东佛山南海区的一家家具店打工,上了流水线。好在他好学上进,很快熟练掌握机器操作、维修、调整等技能,并能根据设计调整生产成品,于是他很快脱颖而出,成为工厂的师傅级人物,领着高出一般工人两倍的工资。冬梅随他到南方打工,后来怀孕,请假回家生下第一个男孩。第二个男孩在南海区的西樵山下出生,一家人反映南方的医疗条件、服务态度远比家乡好。

我妻子的二哥来到佛山打工已经很多年了。他是妻子伯父的孩子,1996年高中毕业。第一次参加高考失利后,1997年复读了一年。复读那一年的高考前,他却突然大病一场,错过了参加考试。1998年,他还想继续返回学校复读,但一直到9月1日前夕,父母还是没有明确答应继续复读这一件事。复读的想法在他心底就像地底下被压抑的岩浆一样,尽管不停地汹涌奔突,但却从未在父母面前爆发。

考虑再三,他决心还是出外打工,就像他的四位姐姐当年那样。9月稻谷黄。他和村里几位年龄相仿,也是高考落榜的年轻人结伴从村庄出发,先走到乡,然后到县城,坐上京九线上的一列火车来到东莞,投身到东莞依然高温、火热的土地上。

一个星期后,他带来的钱用完了。当时,他的四姐也在东莞市一个乡镇的家具厂打工,他只好跑到那个乡镇,千辛万苦地找到四姐。那时候,一个打工妹,还舍不得用手机,没那么容易联系上。姐弟两人见面后,姐姐托另一个厂的老乡把弟弟介绍进去打工。第一次打工进入的就是家具厂。由于当时很年轻,打工也没有任何目的性。只要填饱肚子就行,工作顺意就行。不顺意就马上跳槽,说换个地方就换个地方,也没有想太多,对自己的人生也缺少规划。

他说,有时候一时冲动就辞职了,但是找到下一个工作却花费很长时间。只好先住在东莞的那些城中村里,房租便宜啊。据他说,那段时间里,他白天到很多工厂大门前看是否招聘,晚上回到城中村却百无聊赖,只好在城中村不到两平方公里的地方漫无目的地走个两个来回。夏夜,空气中总是弥漫着烧烤的油烟味和洗发液的清香味,还有垃圾腐烂的浊臭味。穿着吊带连衣裙或者短裤的少女,和裸着上身并文着标志的少年,在狭窄的村街中总是能擦肩而过。路旁的大排档前,滚来滚去的烤翅和生蚝在火热的焦炭上哔剥作响。

平静的叙述,显出他具有很好的文学功底和观察能力。在他的叙述中,打工期间的孤寂的生活,如此真实可见。

妻子的二哥在读高中期间痴迷文学。最初,一位同学送了他一本宋词,他爱不释手并从此爱上了填词,可以在十分钟内按词牌名填写一首新词。然后他又开始写小说。大家都在教室里挥汗如雨,别人在攻克难题,他在编织文学梦想。出来打工后,沉重的体力劳动让他的文学梦醒来,除了偶尔写信和记日记外,他不再动笔,高中时期的手稿不知丢弃于何处。他和妻子在1999年认识,两个人同在一间工厂打工,种下了爱情的种子。早期打工的钱,一部分自己花了,一部分寄回家,寄回家那份大部分都让父母给了上缴。现在则要给家里寄两份钱,一份给父母养老,一份是给老婆养育儿女。他在高中时的初恋对象嫁给了一个广东高州人,自从毕业后他们再没有见过面。

他在 15 年的打工生涯中,先后辗转过深圳、东莞、海宁等地。打工时间最短的一家工厂,他只停留了几天就主动离开了,原因是发现那家工厂管理不好,觉得没有前途。2007 年,他打工的脚步最后停留在佛山,在一家专门生产儿童家具的工厂固定下来,到现在已经干了 5 个年头。

这些亲戚们,一个很普遍的现象就是,他们在外地打工,从事的职业跳跃很大,很少有在本职业精益求精的打算,几乎没有围绕自己熟悉的职业跳槽。

可是这些亲戚们,很多离开老家到别处打工谋生,并不能像种子一样落地生根,融入城市。相反,出生的乡村成为他们的根据地,一旦无法找到合适的就业机会,就要被动返回农村。

但是,我的这些亲戚们,回到农村并不能很快融入到农业生产中去,相反成了农业生产的看客。他们既不会侍弄农田,也不会泡种育秧,其实心里也不愿意从事这些撒药、放牧农活。

其实,农村的生产经营活动和原来已经有些变化,比如生产的机械化程度要高一些,除草、运输等需要大劳动量的生产活动已经让位于农药、拖拉机等。而且,比起工厂的繁重劳动来,这些农活不见得辛苦过工厂简单重复的劳作。但是,这些亲戚为什么会沦为农业生产的"看客"呢?从他们的经历看,他们少小离家,离开农业生产时间很长。即使春节等节日回来,也是农闲季节。随着结婚、生育等人生仪式的完成,他们并没有熟悉和参与过农业生产经营活动,相反熟悉的是城市生活。

村庄是一个生活安定的社会,有自己熟悉的生活环境和人群、亲属、礼俗,关键还有赖以繁衍和生存的土地。无论这些农民亲戚们走到哪里都有地方性的心灵标记。

在异乡的城市里,他们很容易进入一种乡党歧途。因为地缘,他们和其他老乡们结识并聚集在一起,被动或者主动地团伙化、组织化。冬梅堂妹打工的这家工厂,坐落在广东省佛山市南海区金沙,二百多名工人中,有四五十个工人都来自我的家乡沙窝镇,攀连起来相互都是亲戚、湾邻关系。有的住在工厂里的集体宿舍里,有的住在工厂周边的村庄廉价房里。那些工厂附近的农民房、城中村,由于房租价格不贵,成为一些有家庭的外来工的栖身之所。在城市,他们熟悉霓虹灯与路灯、千家万户灯光装扮成的夜空,却又怀念漆黑一片、虫鸣鸟啼的乡村黑夜。

由于农民们打工的地点过于分散,天南海北聚不拢,在乡土社会形成的亲戚网络不能有效发挥作用。但一些村庄的村民、亲戚们在一起打工有聚集的愿望,闲暇时刻经常在一起相聚,轮流做东摆下酒席。相聚时,他们可以一起吃吃喝喝,聊一聊家乡的人和事。

老乡在一起相聚,绝对不是相叙乡情、友情这么简单的事情。相聚只是他们来到异乡构架社会网络的一种载体,构建一种基于地缘关系的社会网络。以村庄的模式,以传统的社会模式建构一个小环境,亲属网络能发挥一定作用。

人生得意无南北,故乡却只有一个。老乡们相聚,总喜欢攀谈几句。在外地还能用家乡话拉家常,容易吗?用乡音这么一拉家常,他们的心痛、艰辛,好像减轻很多。语气里既有对自己际遇的安慰,也有一种认命又笃定的神色,也有对工伤工友的同情。

他们这些老乡普遍文化程度不高,并没有远大的志向。而且,他们因为身处底层,人生态度更为超脱。在就业观念上,他们不好高骛远,甘心做最基层、最艰苦的工作,从来不因为自己从事工人等底层工作而羞愧。在处世态度上,他们更渴望能过平凡和简单的生活,在和亲戚、朋友的交往中、相处中得到平等的尊重。生活的愿望不高,贴近实际。在工作态度上,他们不以别人的工作心态来作为自己的工作标准,不因为别人不去做、不愿做,就自己什么也不做。

当然,一旦他们对不平等、不公平难以接受,他们也会奋起进行抗争。在他们的打工地,他们有时候也对厂方拖欠或者克扣工资、工作环境恶劣不满,用消极怠工、暗中破坏、打架争吵等可以想到的办法进行抗争。在他们的家乡,他们有时候也对农村的计划生育、乡镇的横征暴敛、村干部的欺压瞒骗等弊政进行抵抗。

我也有一个同学在佛山打工。他和我一起读完小学,一起升上初中,后来他走上打工道路。

我的同学以前是一个多么爱说话、爱玩耍,乃至自信的人。可现在,我们在一起,他让我很自然想起了鲁迅笔下的少年闰土形象。虽然我们之间隔膜不深,但回忆我们一起的读书时光,他说:"你一直比我们聪明,那时候读书就显示出来了。"

实际上,他上小学时比我聪明得多。很多次考试,当我还坐在座位上苦苦解答思考题的时候,他就早早把试卷交上了讲台。那时候,在考试中第一个交卷或者早交卷,在班上获得的尊敬和羡慕无法用言语来形容,这是学习成绩出色的表现形式之一。

读初中的时候,有一次,我们上完晚自习,结伴乘着夜色到我们村后的桃林偷桃子。每人摘了一大兜桃子,不小心惊醒了守林人。我们慌不择路,从坡地上往下滚落,泥巴沾满衣裳,狼狈不堪。他却比我们镇静许多,知晓守林人没有追来,很从容地从大马路上撤离。那份心理素质让我们佩服不已。

是什么原因让他后来觉得我比他聪明呢？其实是初中毕业后的人生轨迹。他中途辍学务农，然后走上打工的道路。我改变了农民身份，而他依然把身份留在我们的村庄，自己四处漂泊打工。他在归因时，显然是认为自己的内在人格因素、禀赋条件而不是环境、教育因素导致了自己的无能为力。

可他们并非天生如此。虽然地理环境、生理禀赋、经济状况等条件决定了他们受教育的程度，但是正是日复一日、年复一年的底层生活让他们在内心滋生一种"习得性无助"心理。如果他们觉得自己长久无力改变现状，难以取得突破性进展，便会索性放弃努力，哪怕他们实际上有改变现实的能力。

亚当·斯密曾经研究过资本家的剥削和单调沉闷的工厂工作对工人心智和人格的损害，他痛心地说："如果一个人的一生都耗费在几个简单的、功能单一的操作上，他就没有机会发挥他的理解力、运用他的创造力解决难题。他自然而然地失去了努力的习惯，甚至衰退到极度的愚蠢和无知的地步。"

我的亲戚有赤脚医生

2011年8月的最后一天,母亲在弟弟家中摔成腰椎粉碎性骨折。我在替母亲申请农村新合作医疗报销的时候,却遇到了麻烦。打电话咨询的时候,新合作医疗办公室的人很不耐烦,似乎和他们说话一定要千谢万谢,他们的语气才能变得和蔼一些。于是,这让我回忆起农村以前的赤脚医生时代。在我的亲戚里,除了我大舅曾经是赤脚医生外,我还有一个堂姐也在我们村里当赤脚医生。

赤脚医生,并非光着脚丫子行医的医生,而是指一般未经正式医疗训练,仍持农业户口,"半农半医"的农村医疗人员。赤脚医生出现在中国20世纪60年代,起源于1965年6月26日毛泽东发表的著名指示:"告诉卫生部,卫生部的工作只给全国人口的15%工作,而且这15%中主要还是老爷。广大农民得不到医疗,一无医院,二无药。可是中国有五亿多人是农民。……把医疗卫生的重点放到农村去嘛!"

赤脚医生的出现可以说是那个时代的神奇,并成为那个时代基层医疗体系最重要的一环。实事求是地想一想,在那个时代,几十户、上百户农家积聚而成的村落,以传统农业为生,交通又是那么落后,哪有那么多的现代医生为之服务呢?

我大舅小学毕业后听从了他父亲要学一门手艺的劝告,跟着一位当时被打成右派并下放到村里的城里医生当起了学徒。在赤脚医生制度建立的初期,我大舅是干净的贫农出身,又符合赤脚医生的条件,于是他顺理成章成为本村的唯一一名赤脚医生。20世纪60年代的大别山乡村,懂点医学知识的人太少了。

堂姐高中毕业是在70年代初,回村后听从了父亲的安排,经当时的生产大队推选,当了一名赤脚医生。对我堂姐当时来说,当赤脚医生意味着什么,有什么前途,当然看不清楚。她只知道高中毕业回到乡下当赤脚医生是不错的选择,省却了当劳力、下田间的痛苦。即使在那个整天宣传劳动光荣的年代,也并非每个人都对体力劳动非常热爱。堂姐这个赤脚医生身份给她也带来了一桩在当时被认为不错的婚姻,她经老赤脚医生(她的师傅)介绍,嫁给了邻村的一位供销社售货员。当然,我的堂姐身材不错、容颜姣好,也是被夫家看上的原因之一。我的堂姐夫和我们属于一个行政村,但属于谢姓自然村。

在赤脚医生的时代,赤脚医生在当时要统一管理,生产大队卫生室要服从人民公社卫生院管理,人民公社卫生院要服从县卫生局管理。在我的记忆里,一个生产大队好像有一到两名赤脚医生。大舅是他们城郊公社林冲生产大队唯一的赤脚医生。

赤脚医生首先是农民,放下药箱下地,背起药箱出诊,靠生产队的工分生活。他们生活在村民中间,可以随叫随到,不分时间地点天气状况。他们的户口在村里,家眷在村里,社会关系在村里,不会来去匆匆,因而留得住。

当赤脚医生非常简单,堂姐被送到县里参加卫生局举办的一种培训,培训后每人发放一套《赤脚医生手册》。这种赤脚医生实用教材简单通俗,以农村常见疾病问题为中心,对症简单易行,给赤脚医生们提供了最浅显的入门方法。我大舅家里也有几本这样发黄的书。我小时候到舅舅家走亲戚,或者到堂姐家串门,经常对这些书好奇,但总被大人"小孩子不要乱动书"的声音制止。现在可以想象到,在赤脚医生盛行的时代,几乎每一位赤脚医生的手里都有类似的指导手册,他们一定是在出诊回来的闲暇或者收工休息的空隙,完成了边学边干的特殊使命。

后来,我查阅资料得知,《赤脚医生手册》发行量仅次于《毛泽东选集》,心里大大吃了一惊。我对发行量超大的书籍向来都肃然起敬。据说,直到今天还可以在一些西方国家的书店里看到英文版的《赤脚医生手册》。

没有经过系统的训练,就这样经过简短的培训就能成为治百病的医生吗?堂姐回忆说:"那时就是胆大,当时敢看病就凭胆子大。湾里人(本村人)请你到家里看病,你不能说不会看啊,背起药箱就走了。"早期,她不单独出诊,只跟着师傅,看师傅怎样望闻问切,怎样下药、打针。她在旁边就一边琢磨,一边给师傅打下手,做青霉素不良反应的皮试。那时候,她背会了简单的药物反应表,并学会了几种简单但在农村常见的疾病的诊断与治疗方法。

我表弟的经历也印证这一点。表弟曾经跟着大舅一起走村串户看病,耳闻目睹了一些简单病的治疗方法。有一次有个肚子痛的病人来找舅舅看病,舅舅当时不在家。当时,等舅舅回家是不现实的事情,于是我表弟就拿着听诊器听了一番,然后给病人吃了治肚子痛的药,居然就好了。从此,表弟在大舅的指导下,也敢在村里给人看一些简单的病了。

赤脚医生常常会背上当时村民最羡慕的方形医疗箱。药箱里,常备的是听诊器、温度计、注射针筒、手术钳子、镊子、棉球和纱布,药品包括一般的止疼、消炎针剂,另外就是酒精、红汞、碘酒、阿司匹林。

背着暗红色的药箱,挽起裤腿,匆匆忙忙地走在泥泞的乡间小路上,遇到村民亲切地打招呼,谁家有人生病随时上门诊治……这就是最普遍的赤脚医生形象。这幅形象行走在乡野间,倒有点吻合民间医人葛衣芒鞋的历史形象。我的记忆里大舅也是这幅形象,我在他家做客期间,有时半夜会被手电筒和急促的人声所惊醒,那是其他村庄的村民来唤大舅去看病。

赤脚医生熟悉每个村民的家庭状况,熟悉每个村民的身体情况,而且在群众中有着一定的名声。村民对赤脚医生十分尊重,医生在村里的地位很高,甚至要超过村干部,那时候,谁家来了客人请赤脚医生去作陪,客人和主人都会觉得很荣耀。

这样的尊敬并非敬畏,而是一种值得托付的信赖。有人说:"赤脚医生治病有点'拟家庭化',就是说,整个诊疗过程是在一种亲情、人情网络中完成的,医生用日常生活语言解释病情,病家的参与和与之互动的重要程度丝毫不亚于治愈疾病本身,甚至有可能占据更大的比重。"

赤脚医生基本不分中西医，中医的针灸术、配草药是他们的必备本领之一。"治疗靠银针，药物山里寻。"舅舅做赤脚医生的时候，除了一部分药品采购以外，另外一部分药品靠就地取材。他在出去行医回来的路上，就一边走一边在路边采草药，回到家里就洗泡药材、晾干，空闲的时候就把它们鼓捣成成药。我的记忆中，在他的院子里，马齿苋、蒲公英、车前子、鱼腥草、板蓝根、麦冬、吉根、苍术之类，晒得满院子都是。

除了看病，赤脚医生还肩负着本村公共卫生防疫工作。在当时传染病肆虐的情况下，为村民免费注射麻疹疫苗、小儿麻痹疫苗、卡介疫苗等各种疫苗。我身上的麻疹疫苗印记、结核疫苗印记至今还在，我记得就是我大舅和堂姐留下的。

20世纪70年代，整个人民公社癞痢盛行，这种疾病属于真菌感染，染上后头皮很痒，如果手总是抓的话，就很容易化脓、结痂，导致皮肤破溃而产生永久性秃发。据说，传染源主要是牛羊狗等动物和理发工具。我和村里很多小伙伴都被传染上这种疾病，生产大队就在人民公社的统一安排下集中进行治疗。全村几十人到生产大队的卫生所集中诊治，每人一个专用脸盆、一条专用毛巾和一块专用硫黄香皂，不混淆，隔离工作做得很好。打完针、涂完药膏后各回各家，一点不碍事。而且整个治疗是完全免费的。平时打预防针这样的事情，我母亲的回忆里也没有收费的概念。

有时候，大舅也拿一些别人告诉他的民间土法土方进行试验，比如治疗化脓性的疱疖和骨头脱节的办法，就是来自于民间药配方。这类中草药几乎没有什么成本,因而收费很低。所以那时候,赤脚医生与患者的医患关系更像是乡间淳朴的亲戚或者宗族关系,这就维系了一种良好的人脉,人情的回报比利益的回报更重要。

现在的医生经常会碰到医疗风险,其实在赤脚医生的时代也会经常碰到。赤脚医生经常面对自己解决不了的疾病,误诊、错诊的情况也存在。我的一位大嫂在当时被堂姐的师傅误诊过,最后耽误了最佳治疗期而死亡,但病人家属并没有像现在这样大吵大闹。

"那个时代的医生只知道专心看病。病人也好伺候,看好了病总要表示谢意。现在的医生不够专心了,病人也看不起医生了,遇到难缠的病人互相在心里提防着。"2003年的一天,大舅这个老牌的赤脚医生和我谈起村里的一桩医疗纠纷官司时感叹地说。村里一个人在县城医院治疗时,医院因没有及时处理伤口导致破伤风,最后伤口严重感染死亡,医院隐瞒了真实情况,导致死者家属忍无可忍而怒告医院。

现在,赤脚医生已经从人们的视野里淡出。随着农村土地制度改革,赤脚医生开始解体。土地分到了家庭,一大家人就靠这些土地的产出维持生活。单干以后,赤脚医生就没有工分挣了,赤脚医生也要考虑生计问题。

"'工分计酬'方式的瓦解,使赤脚医生体制遭受了沉重打击。赤脚医生服务村民的动力,固然有邻里乡情这些朴素的感情因素在,但赤脚医生的服务精神和回报心理更多的是因为其医疗行为被有意区别于一般的劳动形态，无形中被赋予了更高的价值评价。这种评价隐含着自古以来对郎中的尊重，这种尊重本身就是把治病救人的技艺视为高于田间劳作的职业，因此在乡间，赤脚医生可以拿到壮劳力的工分，这是个不小的优势，但是随着人民公社体制的瓦解，这种优势荡然无存，反而在田野里劳作的个体劳动者的身影成了赤脚医生羡慕的对象，务农的诱惑开始难以抵挡。"杨念群在他的著作里如是说。

与此相对应的是，1985年初卫生部作出停止使用赤脚医生这一称呼的决定，原来的赤脚医生要进行考核，合格的将被认定为乡村医生，取得从医资格后可以继续行医。1985年1月25日，《人民日报》发表《不再使用"赤脚医生"名称，巩固发展乡村医生队伍》，至此"赤脚医生"的历史也就结束了。此后，这些赤脚医生要继续执业，必须经过相应的注册及培训考试，考取乡村医生资格证后才能成为"乡村医生"。

但是，赤脚医生制度这个涵盖数亿人口、行之有效的服务体系曾被世界卫生组织和世界银行誉为"以最少的投入获得了最大的健康收益"的"中国模式"。从1965年到1980年，中国约有90%以上的生产大队实行合作医疗，形成了集预防、医疗、保健功能于一身的三级（县、乡、村）卫生服务网络，在这个网络下，有51万正规医生、146万赤脚医生、236万生产队卫生员和63万农村接生员。

赤脚医生的时代连同他们的荣耀和扁鹊、神农式的理想，就这样悄悄结束了。以现在的医疗水平看，当时的赤脚医生的整体诊疗水平远没有现在正规医院毕业学生的水平高,赤脚医生制度是以降低农村行医门槛为代价来快速提升农村医疗水平的结果。但当时的赤脚医生,确实对解决当时农村和农民缺医少药的状况发挥过很大的作用。

直至今天,国际视野中的中国赤脚医生还是个被充分肯定的名词,世卫组织专家张开宁说,病人最需要服务的时候,赤脚医生会及时出现,即使这个服务不是最佳的,甚至还有错误,但它是温情的,赤脚医生是全球医疗卫生史上值得称道的一段历史。

目前,农村的赤医体系已经消亡了,那么又是谁在村庄一级为全国过半数的农民患者看病呢?2003年进行的第三次全国卫生服务调查指出,农村地区53.5%的患者仍在村级卫生机构看病。这些村级卫生机构是私人性质的个体诊所。这些诊所的开办者有的是赤医时代的赤脚医生,有的是农村考到县、市卫生学校、职业技术学院进修毕业回来的村民。

和赤脚医生称呼相对应,称这些乡村医生为农村的个体医生更为贴切。因为他们诊疗资格的获取方式根本不同,赤脚医生来源于政府的挑选,而个体医生要考取职业资格证。另外,他们获取报酬的形式根本不同。赤医靠工分计酬,乡医靠个体患者的现金。由此派生出来的一个现象,就是赤医之间的收入差距较小,而乡医可就不同了,肯干、能干、服务好的,与医术平平、态度又不那么好的乡医之间,收入差距逐渐拉大。据说,个体医生中收入高的每年达10万,低的也有1到2万。平均估计,乡医的收入位居当地收入的中上水平。

但乡村医院的治疗技术与城市里的医疗水平相比,当然要低,条件也很简陋,很多地方连个独立的药房都没有。直到现在,农民缺医少药的状况并不能缓解。以常识来想一想就可以明白:那么小小的村庄人口聚落,怎么可能养得起已经高度依赖分工的现代医学和医生服务体系?

乡村医生自办的个体诊所境况更是越来越差。即使现在的乡村医院得到了极大的改善,但他们的生存空间还是逐渐被城市里的三甲医院、二甲医院挤压。维持农村私人诊所生存的主要方式还是看病收费,一些基本的小病小痛村民还敢在诊所治疗。对于中风等大病,人们已经习惯乘着乡村公共交通工具到县城就医。本地农村妇女除非意外早产,绝大多数都到乡镇卫生院、县人民医院生孩子。

在生意越来越惨淡的情况下,现在的乡村医生,大多数人还是保留了亦医亦农的身份。也许投身于社区卫生,对乡村医生来说是一种比较好的出路。

一篇报道称:"他们熟悉每个村民的家庭状况,熟悉每个村民的身体情况,而且在群众中有着一定的名声。他们可以上门服务,上门看病,可以为村民建立健康档案。"

2013春节,我在老家听我的大舅讲,他们这些曾经当过赤脚医生的人,现在政府都开始发补贴了。钱虽然不多,但是说明政府没有忘记他们这些人为乡村医疗事业作出的贡献。

在农村,大多数农民都是逆来顺受的。电视上广播上说的理论思想,他们没有那么多的心思去听。除非政府解决了那些影响他们生活的困扰,给他们带来感同身受的好处来。而一旦农民们说起政府的好,那一定是发自内心的。

千里寻女记

2004年的一天,我突然接到一个陌生的电话。电话那端自我介绍说:"我是你三哥。"

这个自称是我三哥的人与我同一个村庄。突然给我打电话的原因是,他的女儿前一段时间给家庭打电话,叫他寄了7000元钱,她要自己做生意。等三哥寄的钱收到后,他女儿并不满足,再次叫他想办法凑5000元,借口是想不到租金贵了,还不够。他一个农村人没有想那么多,马上按照女儿的愿望去筹钱。他向他的姐夫借钱时,姐夫识破了这里面有不正常的一面,分析他的女儿可能进入了传销团伙。

传销,是一种从西方传入的直接营销方式,俗语"一传十、十传百"能很传神地表达出这种营销手段的特点,因而得名"传销"。

20世纪90年代初期,参加传销对于很多有发财梦想的人来说是很热衷、很狂热的事情。据说,1993年,几乎所有省会、沿海大中城市都有传销公司的活动。据估计,当时传销公司已发展到近200家,从事人员不少于100万。传销在中国呈现出意想不到的繁荣态势,中国庞大的人口数量为其提供了土壤,而且中国本身是一个崇尚关系的礼俗社会,非常重视亲朋好友之间的关系,发财的梦想解放了人们此前保守的思想观念,文化和社会背景也无疑成了催化剂。官方始料不及。

传销集团善于武装头脑和蛊惑人心,很容易让人热衷并着迷,也导致很多人倾家荡产,诈骗、敲诈、绑架等犯罪活动在当时层出不穷,同时,它也很容易演变成秘密结社,甚至威胁到政权稳定,因此传销的负面效应很多。于是国家宣布传销非法并予以取缔、打击,只允许了几家实力雄厚的企业做直销。但是以这种被人们俗称"欺熟骗熟"的营销手段搞地下直销的企业还是有很多。现在官方把经正式批准的叫"直销",一般要有实体店,把这种未经批准的直销叫做"传销"。

三哥以前看到很多关于传销的宣传,加上很多曾经参加过传销的人的渲染,害怕起来。有人对他说,如果传销头目在他们身上榨不出什么钱来,有可能杀害已经被他们控制的人,最后毁尸灭迹。

于是,他决定出门寻找自己的女儿,为了能顺利找到女儿,路上有人帮他出主意,他也邀请了他的姐夫同行。他的姐夫在县公安系统干了一辈子直至退休,有丰富的侦查经验和交往能力,也见了很多世面。

根据女儿的来信和电话显示,三哥判断女儿是在广州。他先坐车到女儿失踪之前打工的工厂,寻找有用的信息。这是东莞的一个工厂。东莞是一个有世界工厂之称的城市,既有崛起的荣光,又有沉沦的灰暗。他女儿的工友告诉两位老人,他女儿是接到一个老乡的电话后,决定辞职离开的,听说去了增城。最后他们查到，女儿最后一个电话是在广州火车站附近打的，到派出所报案，派出所的同志无奈地告诉他们，每天来报案的人很多，但这种案件真的很难查。

为了节省路费和住宿费，或者想到我这里来碰碰运气，在去广州火车站派出所无果的那天晚上，他们决定到我这里落脚。虽然我这里是另一个城市，但离广州也很近。

但三哥的女儿所在的传销集团据点在哪里？广州、东莞？还是佛山、茂名？他们并不知道。我帮他们分析说，这样寻找女儿无异于大海捞针。通常，金字塔式的传销是靠发展下线而生存，下线越多塔尖的头目越得益。如果你实在是发展不到下线的话，传销头目也不会留你太长时间，通常会找个机会把你打发走的。一般情况下，传销组织是要财不要命，女儿的性命是保得住的。只不过已经汇过去的钱肯定是打水漂了，要提醒周围的亲戚不要再上当受骗了。

我建议他们不要担心女儿的性命了，也不要指望她到年底能够赚钱回家了。要有她两手空空而回的思想准备。毕竟她还年轻，经此一事也许长了见识，学了教训，对今后的人生未必不是好事情。我举了一些例子，本村的××（人名）、谢村的××（人名）……都是三哥和他姐夫熟悉的人物，他们都是20世纪90年代传销热潮时跑出去搞传销血本无归的人，现在都已发财致富了。以前他们都很笨嘴笨舌，走到哪里只要一张口就知道是农民，自从搞了传销后，他们回来后都脱胎换骨，那份自信和口才谁还敢说比得上啊。

听了我的分析,两个人不再愁眉苦脸,开始正常地与我母亲拉起家常,全然没有刚见面时的那种无助和慌张。当时我母亲来到我这里,帮我照顾怀孕的妻子。当晚,他们在我家打了一个很大的地铺,我和他们席地而卧,刚开始我们边抽烟边聊天,不过很快他们鼾声如雷。

我却难以入睡。

从1998年起就明令禁止的传销活动为什么在中国没有被彻底毁灭,还在21世纪继续祸害着像三哥这样的农村家庭?实际上,这种被称为"经济邪教"的传销抓住了人性贪婪的心理,一直在猫与老鼠的博弈游戏中地下发展。

我想起了我的一位表妹,我三舅的二女儿,曾经被我母亲哺乳过一年半的明珠,也曾经在中学毕业后,被同学蒙骗加入了传销组织。我们家还有一位邻居,孩子曾经在郑州读大学,因为大学毕业难以找工作,毕业前夕因一位同学的谎言而误入传销歧途。

据我的一位负责打击传销的同事介绍说,传销组织在选择骗谁的时候,内部有一套规定,主要选择"五同四友",即同学、同宗、同事、同乡、同好;朋友、酒友、战友、室友,这些潜在的新人被称为"活期存单"。名单的筛选也有三个原则:出生于农村,有一定的能力和抱负;经济条件差,但又不至于差到连一点钱都拿不出来;怀才不遇,渴望有一个发展平台。传销组织里面有很多大学生,西安交大、南开、清华、武大等高校的都有。

现在的孩子,在一个没有战争、动荡和饥饿的环境里,很不容易识别他人精心布置下的传销陷阱。

作为一个无能为力的农民,三哥尽力寻找女儿,是对子女爱的延续。他和许多的中国家长一样,心里装着儿女的平安,却从来没有考虑自己的内心需求。

5年后,我回到家乡,到他家去小坐,和他一起在屋子里烤火。火塘的柴火一会儿明一会儿暗,映照在他黝黑的脸庞上。听他说,女儿现在已经嫁了人,第一个孩子都三岁了,孩子寄养在他这里。在我们回老家的前几天,女儿和女婿从外地打工回来后把孩子接回去了。三哥脸上洋溢着期待:"过几天,他们一小家人就会到我这里来拜年。"

三哥还跟我说:"当年,她被拉入传销组织后,怎么找都找不着。只好不管了。只要她的命还在,她自己就会回来。没有想到,半年后她真的回来了。当年,不是找女儿这个机会,真是很难走到你那一方。"

一个老人最后的冬天

作为一个从农村走出去的农民后代,这么多年过去后,我内心虽然仍保持了一种向上的信念和炙热的情感,但岁月荏苒,我却依旧碌碌无为,所以每次回家之前总是要踌躇一番。

2003年的春节,我回了一次家乡。

回到家乡当然要看望亲邻。那年春节期间,我去看望了一个堂伯母,这一次会面让我看到了一个乡村老人的冬天。

我的记忆中,她家只有两间小屋,其中一间小屋进门处有一个火塘。冬天要烤火的时候,她就会在火塘里烧木柴,木柴嗞嗞地燃烧,一只多耳锅挂在火堆上,正在炖卤肉。一只狗在大人的脚边蹲着,似乎在享受炉火的温暖。

她有两次婚姻,第一次嫁到了光山县,第一任丈夫在三年饥饿时期死去。第二次是改嫁到我们村,第二任丈夫是我同门的一位堂伯,改嫁时她把与前夫的子女一起带来了。

据老人说,当时全国刮起"浮夸风"的时候,光山县的领导人很左,在亩产上"大放卫星",弄虚作假,很多粮食都上缴给国家,只有很少的一部分留下来自己吃。粮食严重不足的结果,就是很多人被迫吃观音土、吃树皮,饿死了很多人。一些不甘饿死的人要饭、逃命,一些妇女就通过与邻县联姻、出嫁的方式逃离家乡。我们村有很多这一时期嫁过来的光山县妇女。

我们村属于新县,属于两县交界的地域,在当时,在粮食自给自足问题上要比光山县条件好。当时新县的领导人相对保守,不愿意在"浮夸风"浪潮中当先进、当典型,所以鼓励乡、村在粮食丰收时适当打埋伏,留足自己的。再加上,当时的新县,由于是鄂豫皖革命根据地中心,国共双方军队在该地区反复拉锯厮杀,导致人口稀少,人均土地相对多也是原因之一。

这位我称之为胡大妈的老人就是在三年时期嫁过来的。现在的很多人已经不了解当时的情况。三年"自然灾害"时期,所有人都生活在对饥饿的恐惧中,吃饭变成了一件最重要的事情。

那时候,死于饥荒的人太多了,但那个混乱、无序的时期激发出了农民们的生存智慧。通过婚姻逃离贫瘠、挨饿的地方是一种无奈的选择。

留在村庄里,很多人都眼睁睁地饿死。天涯社区网站曾经出现过一个"袁大头的天"发的帖子,称1959年河南省光山县十里(原城郊)公社高大店大队吴围子小队120人中共有72人饿死。帖子列出了死者的名单,合计72人,分别在1959年农历十月、十一月死去。

由于和后夫没有生育子女,她在我们村已经成为高龄的孤寡老人,每年有生产队(村民小组)、村去看望,送慰问金。同龄的乡亲越来越少,常年待在家的人越来越少,除了春节或者慰问的时候,她家已经很少有人来访。

我去看望她的时候,她家的火塘依然在使用。推开她家的门,她正一个人坐在火塘前,用火钳拨弄着火苗,不停地咳嗽,深深皱纹的脸上映着一明一暗的火光。在家家户户都已经改烧煤块和木炭的情况下,这种烧木材取暖的场景在农村已经不太常见。孤独的火苗,孤独的老人。在一刹那间,我感觉家乡就在她的咳嗽中一颤一颤的。

我探望她后不久,大别山地区就下了一场很大的雪。我还在操心怎样按时回到南方上班的时候,突然接到电话,村里有人告诉我,孤寡老人胡大妈去世了。据打电话的人说,雪停以后,村里人发现她有好几天没有出来,好奇的人推开门,发现她倒在从卧室到厨房的路上,身体已经僵硬。大家都揣测她临终前一定又冷又饿,想煮点什么吃。

生命是一条单行道,但到达唯一终点的方式各有不同,有人梦中长眠,有人猝然而逝,有人孤独终老。在寡居的日子里,我的这位伯母把每天都当做生命的最后一天。可是这次她终于走到了生命的尽头,在孤独中溘然长逝。她的一生尽管多贫苦、多磨难,却顽强地活了 99 岁,这是大多数人可望而不可即的长寿年龄。

村里很快组成了治丧小组,负责通知她的宗亲和亲朋。我接到电话后,马上想起她佝偻着身子,在菜地里穿行,给那些蔬菜浇水、除草的场景。

作为普通人,她的一生就是农民百年历史的缩影。从国共相争到共和国时代,她经历了躲避兵祸、忍受饥饿、品尝孤独等各种各样的日子。革命、建设、改革等时代潮流都改变不了她要生存的现实,她一直都在土地上不停劳作,直至不能劳动为止。

她的丧礼极为简单,因为前夫家的儿女长大以后,离开了她并回到生父的村庄。丈夫去世后,她已经独居了近30年。与前夫生下的儿女曾经来过多次,接她回前夫的村庄都被她拒绝。发现她意外死亡后,联系不到她的子女,可后事又不能耽搁。处理丧事的村民小组长不愿意复杂化,所以简单处理了她的丧事。

我的母亲说,由于前夫的子女没有人来,没有人给她披麻戴孝,没有人给她哭灵守夜,这就是儿女不在身边的坏处。"父母在,不远游"的观念深入人心。不过说出这话,倒是我母亲观念传统保守的缘故,其实很多人已经没有了这种观念。一些和我一样大小的村人说,要不要子女都没有多大用,活着都没有享到福,死后的仪式也是给别人看的。

确实,农村大量的劳动力外出后,不仅造成了留守儿童,还产生了大量的空巢老人。像这样凄凉地死在空旷的房屋里的老人,我的这个伯母绝不是第一个人,当然也不是最后一个。

2011年就有一个这样的新闻:湖南一个仅有1岁多、名叫小梦的小女孩在奶奶死去7天后才被人发现。

"小梦一动不动仰天躺在奶奶的臂弯里,身上爬满了蛆虫,奶奶趴在卫生间门口,身上湿漉漉的,尸体已开始腐烂……"小梦的父亲肖开全泪如雨下地讲述他回家后的场景,母亲什么时候死亡的,他可能根本弄不清楚。

这个新闻让我想起2003年在家乡遇上的胡大妈去世事件。

母亲还告诉过我村里另外一位老人意外去世的消息。哪一

年她记不清楚了。他离开人间的方式在乡村非常少见:

他是一个儿孙满堂的老人,四个儿子两个女儿,儿女的儿女也都已长大成人。可是他却孤独地生活在自己的房子里,而且房子离村里大多数房屋很远。一个寒冷的冬天,他在家里的火塘前烤火取暖,稀里糊涂睡着了,不想却引起了火灾。寂静的农村,孤单的农舍,谁也听不见他的叫喊。最后他活活地被烧死在自己的房子里。第二天,人们发现他的时候,他的尸体已经蜷缩成一团,面目不能辨认。

据母亲的叙述,在我们村里,这样的悲剧发生过好几次。一个我称为李二妈的邻居,到菜园种菜的时候,突然中风晕倒在地头,也是几天后才被人发现,已经不治。一个我称之为"三伯"的村邻,回到家晕倒在院子里死去,而他的儿女在外地打工,几天后才回去,匆匆买了棺木,草草埋葬。

在农村,很多有子女的老人意外死亡后,都是草草下葬,有些请了专业的承办喜丧事的职业农民,把神圣的丧葬文化笼罩上浓厚的商业气息。给祖先坟墓上坟送灯,在春节给祖宗烧炷香、送纸钱的祭祀也可以委托他人帮忙,一些子女甚至以不能请假等原因逃避出席、参加老人的葬礼。

人类总是为希望活着。老人的死亡除了带给我们揪心的疼痛和无奈的叹息,还教会我们冷静与成长。

农二代找工作记

外出打工的时代开始后,第一代农民工争着外出,因为兄弟姐妹都很多,能够逃离家庭并见到世面,是一件激动人心的事情。

那时候,由于中西部的就业机会很少,数以千万计的农民工挤满了南方大大小小的就业市场。无处申冤式的不对称就业市场让他们不敢轻易辞职,也不敢轻易与老板谈判。因为每一个出门在外的人背后,都有一家老小等待着被养育。那些不辞劳苦来到南方打工的人,哪怕不适应南方湿热的气候,也都要默默忍受着喧闹、炎热以及潮湿、窒息的雨天。像一首诗写到的那样:"汗珠有点像河流,流向工地、车间、水泥,扬起的尘土及远方。"

夜晚的月亮常常撩起他们在异乡的落寞,在他们的心里也常挂念着远方的家乡及儿女。

现在,第一代农民工的子女长大了,有的已经加入了出门打工的行列。对这些第一代农民工子女们来说,虽然就业机会比起他们的父辈更多了,可他们依然品尝到城市的艰辛生活,找工作的经历也是很坎坷、很曲折。

有的称呼他们为"农民工二代"、"农二代"。因为他们的父母是农民,哪怕他们成长在城市,他们的身份证上也还是写上"某省某县某乡某村某组"的字样。

我来到南方工作后不久,家乡的亲邻们便把我这里当成他们的一个驿站。托我介绍工作的、托我买车票的、来我这里住宿的、找我帮忙处理工伤的、找我帮忙办理营业执照的,各种各样的请托和帮忙很多,占用了我的一些精力。

最关键问题是我有时候根本帮不上忙。特别是我的亲邻们叫我帮他们介绍工作的时候,我反复地打电话、托关系,但被别人拒绝是经常的事情。我恨不得自己也开了一个大公司。

外出打工者早早就体验了承担家庭责任带来的使命感,但更多的是让每一个人清楚自己对于金钱、对于自尊的敏感和意识,这必定会成为以后发展的制约。

我的外甥女姓谢,小名叫星星,是我干姐的长女。我的干姐,成为我父亲的干女儿,有一个故事。她童年的时候在村庄的一个池塘边玩耍时,不小心落水。如果没有人发现,她幼小的生命很可能在那时就戛然而止。幸运的是,我父亲刚好路过,并救起在水中挣扎的她,然后把惊恐的她送回家。她的父母认为我的父亲是她的救命恩人,就乘机叫她认我的父亲为义父了。我的父亲允诺下来,从此我就有了一个干姐姐。我的父母没有女孩,我们和干姐姐来往密切。每年她都要送几双亲手绣的鞋垫给我们。

我的干姐嫁到邻村。外甥女谢星星就在我们的眼前逐渐长大成人。她小的时候,学习成绩尚可,可是在初中升高中的时候,她未能考上重点高中,只好就读了一个职业高中。三年的时间一晃而过,很快她也高中毕业了。

刚满18岁的她,已经不愿意过父母那种"面朝黄土背靠天"的稼穑生涯。高中毕业后,很多城里的女孩子还在享受着家庭温馨时,她就怀着对新生活的追求,背起行囊,来到了我这里。

从服装打扮来看,外甥女打扮入时,虽然有竭力融入都市生活的渴望,但刻意的外表还是透露出一股淡淡的书卷气,还是难以掩饰她的青涩与单纯。她每天的任务,就是早晨出门,到各劳动力市场招聘摊前面试,苦苦寻找合适的工作。她从小在农村长大,缺乏一技之长,因此在求职时无法保持自信。我最终还是帮她介绍了一家鞋厂,并且告诫她:虽然现在会有生存空间,但梦想与现实之间毕竟还有一段距离,始终要做一个上进的人,才能最终生活得更好。

对我这位舅舅说的话,她内心是否信服,我有点半信半疑。但她还是接受了我的介绍,勉强去了工厂。在那家工厂里,很多人都是老乡,甚至有的人还把她当大学生看待。也许经过一段时间的磨炼,她会有改变现状的决心,也许经过一段时间的考验,她会有一种随遇而安的心态。即使我和她的父母,谁又能真正知道她未来的走向呢?

在那家鞋厂里,她发现工作不过是日复一日地干着重复的手工活。虽然工厂里的高级熟练工可以每个月挣到四千多、五千多,但个个要干到手蜕皮,干到眼发花。于是她想,就算有朝一日成为了高级熟练工,不依然是每天在重复的动作中老去吗?和眼前的机器有什么分别?于是,她不顾厂内其他老乡的劝阻,几个月后离开了工厂。厂里的工资还没有发,她也不在乎。

她把领工资的事情交给了我这位舅舅。好在那家工厂的老板是我的朋友、老乡,看在我的情面上没有克扣工资,而且还额外按照劳动合同法多给了一个月的工资。我把她的工资寄给了她的父母——我的姐夫、姐姐,听姐姐说她在家住了一段时间后,又单枪匹马去了浙江一个城市,找她的高中同学。她在农村的家里住不下来,却又不愿意去干一些和自己的知识和能力不相称的体力劳动。

听她的父母跟我说,她到浙江后和女同学合租一间房子,后来找到一个派发传单的工作。每天到绍兴车站附近派发各种各样的传单。面对传单,行色匆匆的人们,有的抛给她一个鄙视的眼神,有的给了她一句厌恶的话,也有的给了她一个微笑。后来,她应聘进入一家大型超市工作。超市的工作时间很长,每天要从早上9点站到晚上11点,而且对服务的要求很高,站在那里或者面对顾客都要保持微笑,一天下来,笑到脸上的肌肉僵硬、抽筋。每一份工作都有它存在的价值和意义。哪怕发传单、售货员这样的工作也有它的意义,并可以从中体验出生活的不易。

2006年年底,我的一位同学电话里委托我帮他的叔伯弟弟找工作。我认识一位开洗车店的老板,老板正好也需要人,就答应了我的请托,并同意一个月开1000元的工资。

没有想到，他一下子从老家还带来了3个人，他的表弟、表妹和老婆。没有办法，我只好再托人，给他们介绍了一家制衣厂。

在送他们去制衣厂的路上，同学弟弟的表妹在路上发现了一张五十元的钱。她赶紧弯腰捡了起来，很快装进自己的裤兜里，然后回头朝我看了看。我走在她的后面，装作没有看见，她的表情才自然一点。

我的侄女在郑州一家职业学院读大专。她毕业前夕，2007年的时候，来到我这里尝试找工作。

我一方面打电话、托关系，一方面也叫她自己上网看招聘信息、去人才市场参加招聘会。平日里与这里的老板、商人也接触不少，交往中也算热情洋溢，但只要我把介绍亲属工作的事情跟他们提，他们要么顾左右而言他，要么总是不够顺畅。他们宁可叫内部工人回去介绍熟人来厂里工作，也不愿意接受我们这些人的介绍，因为他们怕我们介绍的人进入工厂后难以服从管理。

侄女最理想的岗位是公司文员，可是公司最不缺人的岗位就是文员。在参加完我介绍的公司面试后，她饱受打击。刚来时，虽然出身卑微但满怀希望，以为可以通过自己的努力去做一点改善，但对梦想的坚持却因为面试被拒绝时的几句话就被轻易地打碎了。在我这里住了一段时间后，她以回学校参加考试为理由，带着一脸的落寞离开了。侄女深得我们喜爱，但是做不了她的主。

2009年左右，我的表妹中南民族大学毕业，也来到我这里住下来找工作。表妹朴实内秀,找工作却不够主动,结果一个星期过去也没有找好。接下来的星期六,我决定和她到人才招聘会上碰碰运气。在一家大公司的招聘人员面前,我竭力推荐她,这家公司终于答应了她,要她在接下来的星期一上午去公司总部。

可是她信心还是有点不足。一方面因为生活在父母外出打工的环境里,身份差别与经济差别在她的内心里制造出了一种天然的自卑感。另一方面,到公司工作与她的职业期望也有一些反差,与这家公司的规模、效益、前途无关。当时,武汉有一场事业单位的招聘考试,她决定马上坐车到武汉参加考试,碰一碰运气。

我可惜地对她说,这里已经有机会提供给你了,还要放弃这个机会去寻找一个没有丝毫把握的机会吗?

她决意要走,我只好作罢,同意她离开,同时劝她以后要耐心一点。她答应了并告诉我:"大哥,我要是像你这样去找工作,我的工作早就找好了。"

表妹临走时,我送了她一本马云的自传。马云在阿里巴巴创业过程中的艰辛浸透进字里行间,我想可以起到很好的励志作用。

但最让我心痛的是另一位同学的弟弟,我也称呼他表弟。他读完大专以后,来到我这里找了一个工作,一段时间后不满意佛山的环境,辞职跑到广州再找工作去了。有一段时间,这位小表弟从我的通话记录中消失。我忙于自己的生活,还以为他已找到了工作。

因同学嘱托,我到广州去找他,我说我过去看一看,他说,不必了,等不忙的时候我去看望你。但是有一天,我还是去了,发现他住在广州一个破旧的小区里。

从广州地铁1号线上的公园前站出来,东拐西拐走进了一座破旧的楼房。横七竖八的电线裸露在外墙,一看就是房龄很长的老房子。狭小的老房子里,墙壁上有很多涂鸦,只有80平方米左右,却住着14个人。他是14个租户之一。

他一个人到广州来,不再有亲友可以投靠,为了省吃俭用,只好租住这样的地方。他从二房东手中租下这张床铺,每天晚上的住宿费20元。床头柜平时就是他们的饭桌、书桌和办公桌。

经过一番攀谈,我大致了解了他到广州后找工作的大致情况。他像大海捞针一样海量投递了一大批电子简历和纸质简历,有的是从网站招聘广告上查到的联系地址,有的是跑招聘会场获得的联系地址。在招聘会上,企业负责人员一般都笑脸相迎地接过双手郑重递来的简历,接下来却迟迟不见动静。

"这是石沉大海吧,一般都没戏的。"他说。

"年青的时候是要闯一闯,对吧?"他和我一起默默吃饭的时候,他抬头问我。

我说:"对啊,反正我们来自农村,大不了回去种田。"我的心里却想的是,你还会种田吗?

在等待和寻找工作期间,他唯一能做的就是省吃俭用。在住宿的时候,他摸索出怎样解决一日三餐又相对节约省钱的办法。如果到超市买一大箱散装的方便面,比碗装方便面成本要大大降低。虽然口感差一些,但这不是他在意的。

那些同住的室友和他一样,都是一些窘迫的外地年轻人。他们为一日三餐发愁,他们白天四处奔波,晚上蜷缩在被窝,盘算明天的生活。

住在一起久了,他和室友之间感情也很好。据他介绍,每个人如果找好工作了,在去上班前会去改善伙食,通常要请上室友一起庆祝。如果找不到工作,就要节省度日,能省则省是他们坚持的物质生活原则。

出学校门之前,每个人都渴望找到政府、医院、学校等体制内的工作单位。但是他们都明白,体制内的工作都很难找,如果能闯进去,意味着身心要脱掉几层皮。

他的好多同学托关系、找门路都在家乡找到工作了。而他在陌生的城市用疲惫的双脚丈量谋生的道路,用一种窘迫的状况体验奋斗的不易。"我们连找关系、走后门的门都寻不着。"他说着这话的时候显得有点失落。

他做过短暂的推销。白天,他操着地方口音很浓的普通话,推销着一种保健品。任凭他讲得口沫纷飞,听众却无动于衷。他也干过张贴小广告、派发小传单的工作。张贴的小广告,被人们俗称为"牛皮癣",影响市容市貌、环境卫生,不被法律所允许。可是为了弄口饭吃,他会铤而走险。活下去而不是守法,才是一个人的优先选择。很多夜晚,蜷缩在狭窄的房间里,网络小说、魔兽世界是他逃避和短暂忘却现实最好的选择。

"和别人相比,(我们)工作不努力吗?我们不够节俭吗?问题出在哪儿呢?"

我不能回答出他的问题,他的父辈们也有这样的疑问,但父辈不曾这样发问,只会闷在心里。一样生而为人,同样都有梦想。谁说他们工作不努力、生活不节俭呢?

他的眼神一会儿坚定,一会儿迷茫,既能看到鼓舞人心的坚强,也能看到令人心痛的忧伤。这让人想起很多农村的少年,他们在成长的道路上被"甩"在老家,被"丢"给学校,现在被"抛"向社会。任何人都只想收获快乐,不想与忧伤相伴。如果一个人的脸上藏都藏不住忧伤,那么他们的心里一定有让他们忧伤的事物。

"他们天天这样生活,吃饭拿起筷子,吃完放下筷子,从来没有人问起筷子是怎么来的?怎么就开始用筷子了?"费孝通描述农民社会时曾经说。

从来不问生活的目的和意义,过去的农民就这样生活。像表弟这样的农二代已经懂得开始对社会阶层板结化的社会弊病发问,真是一个很大的进步。现实给他们上了残酷的一课。如果生而为农民子女,要逃离底层并向上流动是艰难的。如果要改变命运,靠努力工作和老实本分也是不够的。

"胆子要大,心肠要黑,脸皮要厚……""只要勤奋刻苦,发财就不是梦。"一个误入传销的农村孩子在日记中写道。这个日记是我 2002 年在环市工商所一次打击传销行动中收缴到的。

光聊些丧气的话也无助于解决问题。表弟突然一下子脸带笑容说:"也许最终的结果会让大家失望,但我要让你们相信,不是你们的过错,也不是我们的过错。"

虽然他带着笑容,但我觉得他的内心有一种痛苦,因为他的笑容里还是不能掩藏那份若隐若现的沮丧。年轻的他,还没有学会怎样掩饰自己。他还不清楚,一个人的成功,不仅受性格是否开朗、待人处世是否成熟等因素影响,还取决于挫折面前的抗打击能力。他还不明白,一个心理脆弱的人身处异乡,绝对不会比独立自主的人收获更多。米兰·昆德拉曾经说过:"永远不要认为我们可以逃避,我们的每一步都决定着最后的结局,我们的脚正在走向我们自己选定的终点。"

古希腊神话中,西西弗斯受到惩罚,不停地从山脚推送巨石上山顶,循环往复直至力竭。看到农二代的经历,我们对神话故事有了新的理解,"教育资源分配不平等——就业不平等——收入不平等——生活不平等——下一代不平等……"。当然,也有农二代飞上枝头做凤凰的励志故事,当然,我们也看到国家在这方面做出的诸多努力,这样的说法不过是我们普通人在面对农二代工作难解决这一现象的无奈与自嘲罢了。

我的一位同族侄女,在合肥工业大学毕业后到惠州打工。2012年国庆节,我回到家乡陪伴父母。有一天,我和母亲到地里播种油菜的时候,正好碰到她的母亲——我的嫂嫂也在旁边的菜地里种菜。母亲在前面挖好浅坑,我在后面撒油菜种子。我长期没有干过农活,撒了几排就感觉腰疼,只好站直身子。嫂子一边干着自己的农活,一边和我开着玩笑。

闲聊中，嫂子说，你侄女在惠州打工的工资并不高，还要自己租房子住，这书怕是白读了。这样下去不知道什么时候是个尽头？从她的角度看，孩子从农村考出去读4年大学，却还像父母那样在外漂泊打工，之前的投入简直是一笔大亏损买卖。

我对她说，我刚刚毕业那几年，工资才100多块呢，侄女刚毕业不久，路还长着呢，只要坚持奋斗慢慢会好起来。看着嫂子挥汗如雨的身影，我不会说泄气话，因为我心里依然没有泯灭希望。哪怕我们为之奋斗一生的东西是别人与生俱来的，我们也不要停止奋斗。否则，命运会更糟糕。

把我们的命运交给时间。时间是我们的敌人又是我们的朋友，播种希望的是它，扎根绝望的也是它；带给我们心灵的创伤，又把我们的泪水带走，让我们孤寂地走在人生的路上。但再怎么孤寂，也要内心充满希望。

高尔基说："当一个人先从自己的内心开始奋斗，他就是一个有价值的人。"泰戈尔也曾说："世界以痛吻我，要我报之以歌。"毕竟，在苦难痛楚面前，要"报之以歌"并不是大部分涉世未深的少年能够参透和领悟的，甚至一些阅尽人世的沧桑老人亦不能做到。但是，这也正是"报之以歌"的珍贵所在。

"圣人无死地，智者无困厄。"虽然我们不是圣人，也不是智者，但也一样要善于从困难中解脱出来，乐观面对人生，坚持自己的梦想。人人都需要有梦想，穷人也应有穷人的梦想。梦想没有高下之分。

一个老村支书的口述

朱老伯是河南省光山县砖桥乡人,他的女儿和女婿既是我的同学,又是我的老乡。我和他女儿、女婿同时来到这座城市工作并且生活在同一个小区。进入人生暮年的他,时常来女儿家居住。一天,他正好有空,我们就坐下来聊天,聊他一生中的经历。以下是他的口述。

"我印象最深的是三年饿饭时期,我10多岁。那三年,我们天天饿得很。经常饿得前肚皮贴后肚皮,头昏眼花。身体弱的,那个年份死得很快。饿死人最多的年份是1959年。人死时就像劈柴一样倒下去了。现在死一个人,动静大得不得了。那时候,死几个人不稀罕,死人多得不得了,后面死了的人连找个活人掩埋都难。

"也有人不甘心被饿死了,就往外逃。但村口和乡里有人站岗,不让人跑。偷偷跑出去的,全部抓回来活活打死。有一次跑了16个人,除了一个人真正逃脱了,其余的全部抓回来了。被抓回来后被干部吊着打,那些人毒得很,尽往死里打。我那时10多岁,看得我吓得不得了。"

(负责抓回来的那些人是士兵吗?)

"不是。是大队、生产队干部。全部是本乡本土的湾邻、亲戚、同宗。那时候除了县委书记和县长是外地人,县委、公社、大队、生产队的干部全是本地人。本乡本土的人整本乡本土的人。"

(都是亲戚本乡本土,他怎样能下得了手这么真打呢?)

"政策、形势逼得人疯狂啊!那时候的干部,只知道盲目地服从上面的指令,对下面没有多少人情味,'左'得很。完不成任务脱不了身。整个信阳地区的'浮夸风'很厉害,说是'人有多大胆,田有多大产'。光山县向地委上报亩产上万斤、两万斤,谁也没有想到,放了卫星后上交给国家的粮食相应也就多了,留给自己的就少了。当时的粮仓,下面铺稻草,上面盖一层薄薄的稻谷。

"县委书记是马龙山,县委第二书记姓张,叫什么张福鸿什么来着,还有点同情老百姓,敢向上级说一点实话。但那时他和马龙山斗得厉害,两个人不合。马龙山的个性很强,带着一帮人整张福鸿,结果把张福鸿斗死了,然后说是畏罪自杀,在粮食收成上大放卫星。听说马龙山被判了死缓。饿死了那么多人命,也判得不重啊。"

听着老伯的回忆,我默然。

说到底还是"人祸"。

1960年光山县有一个民谣:"光山县,两头尖,中间住个马龙山。马龙山,大坏蛋,饿死人民千千万。"

根据中山大学学者李若建的研究,1958年全国县领导班子的统计显示,47.19%的班子成员年龄在35岁以下,36.60%的班子成员年龄在 36～45 岁之间；74.22% 的班子成员在新中国成立前参加工作；班子成员中大专以上学历的占 3.9%、高中和中专学历的占 14.46%、初中及以下学历的占 81.64%。

李若建因此在《理性与良知——"大跃进"时期的县级官员》中说："'大跃进'时期的县官们年轻、资历老、教育水平不高。这种结构产生的后果是：老资历，特别是战争年代的经历，让县官们踌躇满志；年轻让他们充满向上流动的欲望，大有干一番事业的冲动；教育水平偏低让他们无知，勇于做一些荒唐的事情。"

那时候，实际上光山县 1958 年全县的收成都很好，1959 年说是发旱灾，其实也可以说是风调雨顺。饿殍遍地，可《河南日报》还在 1959 年 10 月 30 日报道说："我省秋粮征购任务超额完成。"

"真正饿饭发生在秋粮上交以后。饿饭那阵，地里青苗多得很，但老百姓不敢吃。哪怕饿死在地头，也没有人敢动田地里的庄稼。1959 年发旱灾的时候，乡里粮库的粮食也多得很，站岗的人连个枪都没有，就是没有人敢偷。"

我确信这一点。因为时任信阳地区地委副书记、行署专员的张树藩在《信阳事件：一个沉痛的历史教训》中回忆也说："当时信阳地区饿死那么多人，并非没有粮食，所属大小粮库都是满满的，但群众宁可饿死，也没有抢过一个粮库。这证明人民是多么听话，多么遵纪守法，多么相信党；而我们某些领导干部，实在是愧对人民啊！"

当时的信阳地委书记路先文也交代:信阳地区1959年,虽然遭受了严重的自然灾害,但是经过全党全民的斗争,仍然取得了一定收成。他在《我的思想反省补充材料》中写到:"我的错误所造成的罪恶是骇人听闻的,比我原来估计的要大得多。真是罪恶滔天,残酷毒辣。"

朱老伯接着说:

"我们这些没有死的人属于命大。1958年,我们村里有90多人,1960年再统计,只剩下17人。我家庭为什么剩下来了?那时候我的父亲是木匠,在外面做活,在新县买了五斤米,用小袋子装好均匀地缠在腿上悄悄带回来,路上有人盘查,查获了不仅要没收,还要批斗,说是搞资本主义。那时候各生产队都是过大集体,吃集体食堂,每个家庭的瓢碗锅盆都已经收缴,拿去大炼钢铁了。也有人家藏了一些,但监督很严,一看见谁家冒烟,就上门去搜。白天不敢烧柴,只好夜晚偷偷地熬清稀饭米汤喝,这样才渡过了难关。

"我当了大队支书20多年,从七几年开始的。

"那阵子我很重视教育。支持村里的学校搞建设,集资建了一栋教学楼。收建设学校的钱不容易啊,每家每户去收,去向大家说要重视子女读书。我的三个小孩都从村小读出来啦。大女儿读了洛阳医专,分配到洛阳参加工作;二女儿和儿子和你一个学校毕业的,你知道情况。我带头在村里有很好的说服力。

"当村支书的这些年,最难干的事情就是收上缴款和搞计划生育,听到不少骂,受到不少气。我们这些村干部,有点是老鼠钻进风箱里,两头受气。把我气急了,我也骂人,说你们干脆选掉我算了。我当村支书,只不过房子比别人住得好点,不也是穷得叮当响?我最后说,不是我,换了一个人来干,你们看一看,是不是比我强一些。他们最后也无奈地说,还是你老朱干好些,我们少受点欺负。

"当村支书,比起一般老百姓还是多一点油水。不过,我这人还是稳当,除了吃喝一点外,尽量不多拿多占。主要是不敢。说老实话,我们的思想全部在小时候被毛主席他老人家洗了脑,被批斗吓怕了,思想顽固得很。刚开始改革开放时,县城扩建,县政府把县城周边的田地征来卖,2000块钱一份房地基,动员我们买,我们不敢买,有钱也不敢买。当时如果买了,现在卖地皮就能赚50倍。当时我也不缺这个钱,就是看不到今天这个趋势啊。用很多人的话说,是没有这个眼光,现在的社会里只要发财就是好汉,哪管你什么渠道,什么手段,是饿死胆小的,撑死胆大的。

"那时候,我们不给乡里的书记和乡长送礼。新的书记、乡长来我们乡干工作,一来就要邀请我们村支书吃一顿。有一次,我们看那个新来的干部不顺眼,有点狼相,不好打交道,怕他的'爪子'很深,就不想选他当副乡长。几个村支书一商量,就联合起来不选他。结果他就没有选上,一个很亲民的秘书因而当上了副乡长。

"以前乡长、书记搞点钱主要是多吃多占,有时候把个私人接待搞成公费接待,挪用点钱。然后加进'三提五统'里,或者在种子价格上做点文章。

"20世纪90年代,我在当村支书的时候,争取到县种子公司在我们村培育油菜种子。普通的油菜子当时市面上收购一块多钱一斤,县种子公司从我们村那里收购是4块多钱一斤。他们把油菜种子收购走以后,通过县政府再给各乡镇下达种植任务,油菜种子批发给各乡镇种子站20多块一斤,种子站卖给农民时就加到60多块一斤。赚的差价惊人。有层层加价在里面,每一层都想在里面赚一把。

"那时候,我和种子公司的老总很熟,能够争取到油菜子种子在我们村栽培、选种,对我们村的农民来讲,也是很大的实惠。你想想,他们农民反正都是要种庄稼,普通的油菜子只有一块多钱一斤,种油菜种子卖给种子公司的价钱多了两三倍,不是更好?农民也乐意选我当村支书啊。农民讲实际。

"现在,我们那样的穷县,乡里的书记、乡长主要是靠卖土地、搞工程、做生意搞点黑钱。然后是替人办事,收点礼,弄个外快什么的。这几年农村没有上缴了,但是上面拨下来的各种项目、款项很多。乡镇可能搞点截留,上面下拨的钱名目很多,而且大多数农民搞不清楚什么名目、到底有多少、最后给谁。所以农民根本接触不到真实情况,也过不了问,谁又敢过问呢?

"唉!现在的社会肯定比过去没有改革开放强,至少没有多少人挨饿了。过去有过去的不好,也不能说现在一切很好。现在啊,有钱的,钱多得不得了;没有钱的,日子穷得不得了。"

老伯和我闲聊时,点了好几根烟。点烟既可以让他短暂地停顿和思考,也让他极力显得平静和自然一些。我也一样,陪着他抽烟,在眼镜片后也在控制复杂的内心波澜。

老钱的创业史

老钱是河南新县苏河乡人,是我的同乡。老钱大名叫钱澄起。他年龄实际上比我们小很多,却被大家称为"老钱"。

上麦村,这个位于佛山魁奇路与绿景路之间的村庄,原住民少,外来务工人员多。白天,村庄里的外来工到周边的工厂、公司上班,一切的沉默只待下班后的喧闹。老钱的家就住在这个村庄旁的一个别墅区。

2012年5月的佛山已经早早进入桑拿天气。在通往老钱家小区的路边,有一小片略显孤单的树林,骄阳下显得格外炙热而安静。有一个大排档可以容纳100多号人,那是可以去喝酒聊天的地方。这个大排档位于村子的东北角,老钱就在那里给我讲述了他的创业史。

他1995年初中毕业后就来到佛山,那一年老钱才16岁。据老钱自己讲,他刚到佛山时,还被人们称为"小钱",对周边的一切感觉特别陌生。这里讲粤语,再加上语言不通,他倍感不适应。

刚来佛山时,青涩的钱澄起进入了南海区里水镇一家很大的制鞋企业,开始了他的打工生涯。当时钱澄起一个月的工资是200元,一年下来,能够攒下来的钱还不到1000元。那时候,他也开始和一位湖南的妹子谈恋爱,公园、工业区都成了他们拍拖恋爱的场所。最终俩人结婚并生下孩子。在度过3年打工生活后,喜欢琢磨的钱澄起终于摸索掌握了企业生产与管理的一些门道,他萌生了独立创业的念头。经过深思熟虑,他和妻子两人毅然走上了艰辛的创业之路。

1998年的一天,钱澄起用微薄的积蓄购买了设备,然后到银行贷了1万元作周转资金,建了一个主要生产女鞋的鞋厂。虽然两个人出来独立创业,但仍然与原来那家鞋业公司的高管们有千丝万缕的联系。新厂的主要业务就是为原来那家大鞋业公司做贴牌,原料由那家公司指定,自己购买。做出来的鞋子交给对方验收,不合格的鞋子不能交货。主要还是赚一份加工费。

老钱的工厂因为和那家大鞋业公司同处在一个工业区,加上他们对外也宣称是该鞋业公司的一个车间,所以老钱的工厂从诞生之日起就没有办理营业执照,躲过工商、税务等部门很多次的例行检查。

开始时,厂子的生意很红火。工厂在其鼎盛时工人多达200多人,都是夫妻俩从河南、湖南老家招来的老乡。那时候,只要开工厂就有钱赚。2001年前后,生意越做越大的钱澄起在禅城区魁奇路附近的一个小区买了一套别墅,也买了一辆自驾车。每天他驾车上下班,然后参加各种应酬,这是他事业最辉煌的时刻。

危机却在不知不觉中降临。生意上的顺风顺水,加上要参加各种各样的应酬,老钱逐渐对家庭缺少了照顾。他在业务中认识了某佛山高校的一位女老师,两人碰触在一起,产生了爱情的火花。两人的地下状态并没有维持太久,就被老钱的妻子知晓。一天,老钱的妻子兴师问罪,痛打了这位女教师。于是,他和妻子的婚姻走到尽头。老钱决意离婚,女教师遍体鳞伤的样子激起这个男人的豪迈,他把与妻子往昔的恩爱抛在九霄云外。在耗尽双方的精力之后,他们两人终于从创业时的志同道合到最终的劳燕分飞。

老钱留下一套房子,现金给了妻子,儿子也给了妻子抚养。

曾经的夫妻分手以后,二人还继续维持着一段生意伙伴关系。不过这家工厂却因为两人关系的破裂而走上一条下坠之路。订单越来越少,工人工资也越来越高。工商、税务、治安等不同部门的麻烦也接踵而至。工商来查有没有无照经营、商标侵权,税务来查是否偷税漏税,治安来查员工有无暂住证,劳保部门来查有无劳动合同。

在中国的珠三角地区,这种小微企业星罗棋布,全靠无证无照经营生存下去,有机会做大以后才能逐渐规范。用一个小老板的话说:"不违法不赚钱,要赚钱就要违法,赚一点小钱全是刀边肉。"

2008年,金融危机成了压垮老钱鞋厂的最后一根稻草。工厂连续6个月都没接到一个订单,终于到了难以为继的地步。工人也不停地跳槽跑路。于是,老钱决定退出鞋厂的经营。这间曾经有200多人的鞋厂对他来说,已是昨日的记忆。

离开鞋厂以后,他在花园东路附近开了一间洗车店。其时,洗车行业已经竞争激烈,利润已经很薄,每洗一辆车才收一二十元,除掉人工和开支已经不赚什么钱。除了一些零星的私家车外,洗车店的生存更多需要靠拉拢一些单位的车来定点维护。如果有固定数量的车可供洗车店定期清洗,倒也薄利多得。老钱的洗车店,地点有点偏僻,因为拉不来团体客户而导致生意冷淡。没有多久,他把店面转给了别人。他本来是想大干一场,没想到却事与愿违。

2009年底的春节,老钱没有回老家过年。虽然他多次口口声声说"不行就回去",但他清楚,他的实际生活已经在城市化了,只有在城市生活,在充满欲望的城市才能实现自己的梦想。再说,他也不愿意在回乡的路上背着空空的行囊。

2010年,他决定到佛山市的乐从镇,给一个以前的生意伙伴当超市管理者。这位曾经的生意伙伴现在做得很大,不光开办了一个规模很大的家具厂,还开了好几个超市。因为以前的合作关系,超市老板也算很慷慨,加上老钱确实有点管理才能,所以给他开了较高的固定工资,让他觉得不至于很窘迫。

在佛山经营期间,老钱学会了与各种势力打交道的本领,结交了很多朋友。他也经常拉着我和派出所、税务分局的干部喝酒、唱K。我知道他的不容易,虽然明白他拉我一起应酬的目的所在,但从来没有戳穿他的动机,有时间还尽量帮他穿针引线,帮他增加社会活动的人脉。

钱澄起开在丽日豪庭小区的鞋店曾经被几个人砸过,那些人要收"保护费"。这家小鞋店主要是推销他鞋厂里的剩货。小店生存的那几年时间,几乎每年都会碰到一两桩黑社会光临的事情。和老钱一样,很多人遇到收保护费这样的事情,选择了破财免灾的办法,而不是奋力抗争。老钱总结经验说,不怕黑社会,就怕社会黑。黑社会一点也不可怕,无论是安徽帮,还是四川帮、湖南帮,只要给了保护费,就有人罩着场子,让人安心。哪怕两帮争地头发生火并,也不会殃及无辜。

佛山到底有多少万外来工?没有人真正弄得清楚,保守估计这个数字都超过 100 万。外来工中,并不是每一个人都能安分守己做人,有很多安安分分打工的人,但也有很多很多无法估计的小混混。

因为做生意,老钱经常被人拖欠货款,他也经常拖欠别人的货款,甚至工人的工资。有一年春节前,我们准备举行一年一度的聚会,召集人给他打电话却找不到他。后来听说,他是到外地躲债去了。走之前换了一个除了老婆外没人知晓的新电话号码。

钱澄起是第一个到佛山来打工并最早创业的人,这个头衔给了他最大噱头,也为他在老乡中赢得了尊敬。每个出门在外的人都有发财的梦想,唯有他敢于早早放手一搏,并把发财的梦想安放在了一双不结实的肩上。

和前妻离婚以后,老钱一年后再次成家,新妻子就是那个高校老师。两人婚后生了一个女孩,一家住在那间别墅里,妻子上课之余照顾孩子。多年来的生活已经让他见到了很多、感悟了很多,对他来说,生活有痛苦,也有欢乐,都是人生的一部分。

在 2011 年底的一次聚会上,老钱依然笑容满面。他拿着一副扑克牌,问谁来参加"斗地主"?

一个老乡应声道:"今天你带钱没有?带钱了我就和你打。"

老钱愤愤地说:"你这人怎么这样势利呢,不带钱就不能打了吗?玩牌不过是娱乐而已嘛,谁说就一定要赌钱才过瘾。"

出门在外,谁都好面子。老钱把钱包掏出来,摆在桌子上,笑着说:"今天还真说不了谁赢谁输呢,愿意打就坐上。"

说着,就有3个人坐到牌桌上了,其中一个人开始熟练地分发纸牌。旁边还有几个人观看。

吃饭间,老钱谈起了他最近忙碌的生活。原来他打了一段时间工后,感觉还是没有当老板痛快,又萌生了创业念头,正好一个以前的伙伴愿意投资。说到底,老钱还是不甘心做一个打工者,一个当老板的雄心仍在不停地跳动。于是,他轻装上路,租赁厂房,他们又办起了一个LED灯配套产品的工厂。

钱澄起这个人身上有一种百折不挠的精神。他出来打工,然后开工厂,生意可以做得很好,也可以突然跌倒,然后爬起,然后再干,没有放弃,一直在坚持自己的发财梦想。

他觉得自己的适应性挺强:"这就是我的生活,不能比出来打工时的一无所有再糟糕了,再砸了,还是大不了光条条地回去。"

一干人一时无语,都陷入了沉默之中。他们没有老钱那种经历,虽然了解老钱的经历,知道他的困境,却又无能为力,自己的麻烦事都应接不暇,谁能像他这样失败又还能不失斗志呢?

正常的生活就是幸福的生活

佛山某区,一座大厂房。

这是一座临街的大厂房,中间有一个旭日汽车修理店,外面的招牌上写着:修车、洗车、代办汽车年审,全省交通违章处理。

200平方米的地方,中间一个巨大的升降台,旁边停放着一辆都市越野车。升降台右边一个独立的办公区,里面摆放着两张办公桌,一张硕大的茶几。

十来个人坐在里面。市国税、市工商的阿东和阿涛成了这群人中的核心。阿东是一位科长,阿涛是执法队长,他们被大家热情地一口一个"东哥"、一口一个"涛哥"叫着。

不一会儿,硕大的茶几被清空,被摆上了五六碟冰冻三文鱼、一大盆基围虾、一叠塑料碗和一次性筷子。赤裸的语言、粗鄙的玩笑让在座的每一个都觉得气氛热烈。屋子里弥漫着浓厚的烟草味。

酒桌上谈论最多的就是每个人的酒量与喝酒的往事。那位老者,称自己干了13年村支书,曾经在一个酒桌上与4个人一共喝了8瓶稻花香酒。这是一种湖北产的38°低度白酒。做黄金生意的刘老板介绍说,"东哥"这个人的酒量很大,有一次到北京去,在东城区居然把一个身高1米8、身材魁梧的交通警察喝倒了。

店主言语不多,看得出并不是一个能说会道的家伙。但是,他在几杯酒穿过喉咙进入胃后,开始谈论他的孩子。

这个店主就是我的老乡朱伟。朱伟是和我同一个县另一个乡镇的农民。

这家汽车修理店就开在佛山市禅城区季华大道旁边的海口村。这个村在张槎街道办的地盘,但属于典型的城中村。发达的珠三角有无数个这样被城市包围的城中村。汽车修理店开了两年。

那一年,为了响应创建珠三角全国文明城市群的号召,佛山加入创建全国文明城市的行列。创建全国文明城市简称"创文",佛山市专门成立了创建全国文明城市领导小组办公室,简称"创建办",还专门设计了"文文"、"明明"两个卡通吉祥物,在全市开展了如火如荼的活动。市长在动员大会上发了狠话:"在'国检'中检查验收合格的镇街,市政府就奖励100万,如果哪个镇不合格,罚1000万元。"

为了迎接全国文明委的验收,市直、区直各个部门依照职能,对照考评指标在全城到处检查。朱伟跟我说,以前从来没有看到街面上有这么多干部,一拨一拨的,检查就像梳子梳头一样。

那一年8月的某一天,一群工商执法人员身着制服进入了他的修理店。当时,他还没有办好汽车维修许可证,所以营业执照里的经营范围没有修理汽车项目。富有执法经验的工商执法人员马上发现了这个疑点,当场做好现场笔录和场所拍照取证,然后要汽车修理店的负责人朱伟去接受进一步调查和处理。

执法人员的依据是国务院发布的《无照经营查处取缔办法》和《广东省无照经营查处条例》,超范围经营属于危害竞争秩序的一种违法行为,要考虑情节没收非法所得并处罚款。

为了减少罚款,也避免这两年的经营收入被当做"非法所得"全部没收,朱伟到处找关系,短暂的两天时间里,请这个海口村的老村长出面说情,老村长请了国税局的阿东,阿东又请了工商局的阿涛,各自又约了一帮人来到他的修理店吃饭,点名要吃鱼生。

客人答应来吃饭就是表明有回旋的余地了。大家都这么说,也都很兴奋,还专门打电话让我作陪。为了请好这顿客,朱伟专门购买了上好的三文鱼和基围虾,买了吃鱼生专用的芥末油,并且还买了几大瓶3公升的洋酒。

吃饭这天晚上,大家说话融洽,喝起酒来也是酣畅淋漓。

饭桌上双方都很够义气,对于朱伟超范围经营这个事情,执法队长决定先给朱伟一个整改期,希望他赶紧去办理好汽车修理许可证,然后到工商局变更经营范围,暂时免于处罚。

朱伟一直搁在心头的石头终于放下来,为了让客人喝酒尽兴一些,他不停地敬酒和劝酒,一次又一次地勇猛冲锋。

不觉间,五大瓶洋酒很快喝完了,阿东他们酒量真的很大,一点事没有就告辞走了,他们的下一场是去金色年华夜总会唱歌。他们要"吼一吼",消磨掉夜晚的剩余时间。

送走了客人之后,老朱对着越野车撒起尿来,其他人在一旁赶紧劝阻,提醒这里不是厕所,但为时已晚。"哗哗"的急促声响显示他已迫不及待。然后,他开始"哇"、"哇"地呕吐起来,眼角一片眼泪。

那天晚上,我也吐得一塌糊涂,从他的汽车修理店回家的路上,一路走一路倚着车窗往外吐,胃里的酸和食物全都倒出来。拿开车师傅的话来说,把胆汁都吐出来了,全身扯心扯肺的痛。

第二天,朱伟给我打电话表示感谢,并说准备回老家了。老朱一个人在佛山,他的父母妻儿都在老家,离他千山万水。儿子正在县城的重点中学准备高考,他不放心孩子。老朱说想念他们,那一定是真的。

我突然明白,顺天安命就是一种正常的生活,正常的生活就是幸福的生活。只是我以前从没有认识到。

春节回家的路

春运期间,买票的艰难,路上的拥挤,一路的疲惫和饥饿,困在路途的窘境,这是很多人都能品尝到的一种辛酸。哪怕迢迢路远,奔波在城市和乡村之间,虽然是一个普通人寻求团聚的期待,呈现的却是中国重大的社会问题。

今年,在我工作的城市里打工的一群新县人,有的打工了20多年,依然在为一张回家的车票发愁。

他们选派妻子的二哥和表姐夫来火车站买票。因为他们如果买不到票,可以住在我们家,我们家离火车站不远。

他们两个人到我家来,在工厂从没有读过报纸的他们看到报纸上正有关于取消"农民工"称谓的讨论,忍不住也发表看法。他们认为,取消"农民工"是一个伪问题,因为他们对叫不叫"农民工"根本无所谓。

"只要工资高就行了。"他们说。

过去"农民"不是一个贬义词,"工人"也不是一个贬义词。为何现在"农民工"就是一个贬义词呢?禁止称呼"农民工"就能制止对这个群体的歧视吗?和保障平等权利与提供公共服务相比,取消"农民工"的称呼真的不重要。

曾几何时,《劳动合同法》的出台,被认为是中国最先进的,也是最能保护弱者的武器,寄存了整个社会多大的期望。可谁想到,一部试图给劳动者带来尊严的法律却无法改变劳动者的困苦——他们之所以没有签下劳动合同,缺少的不是权利意识,而是平等地位。

晚饭间,他们还是操心今年是否能顺利买到车票。买到车票才是他们话茬的正题。春运这个复杂的社会问题,对他们来说,只是挣扎在买票人流中的身影。

回家真是不容易啊。他们虽然每年都有回家,但每年都经历不同,总是逃不脱买票艰难、路上受罪的问题。

表姐夫说,春节坐火车回家不是一件容易的事情。这种苦已经受了20多年了,习惯了。

"第一件事是火车票难买。每年提前一个月,就有老乡在张罗买火车票,可是还不容易。铁道部说可以提前10天预售火车票,但是等你到车站售票厅、代售点排队购票的时候,车票早已被一抢而空。车票大多数流入黄牛党手里。每个火车站都滋生了一大批的黄牛党。在外面高价兜售火车票的黄牛党,每年都靠春节赚一大笔钱,据说有的黄牛党一个春节都能赚个百十万。黄牛党能赚钱,可是对我们来说,一年下来积蓄也不多,怎么舍得买那么贵的票回家?

"第二件事是坐火车遭罪。先是在火车站等候上车遭罪,火车站广场挤满等候回家的人,人山人海的。要顺利挤上火车,至少要提前一天在火车站广场排队。在火车站排队,忍饥挨饿不说,有时候挤不上火车也是常有的事情。"

"挤上火车后也遭罪。民工们坐的火车一般是绿皮车,车速慢不说,关键是人挤。哪一趟火车不是人挤人,座位、过道、车厢连接处全部是人和行李,空气污浊。以前的火车速度慢,从广东回家几十个小时,有时候连个座位都没有,一路站下来,身体疲倦得不听使唤,在座位下就能入睡。有时候,挤在绿皮车厢里,一路上连个小解都没法解决,因为连厕所都站满了人。身体差的人,坐一趟火车就像生一场大病。有时候一路都吃不上东西,车上挤没有送餐车是一个原因,火车上乱也是一个原因,经常有小偷和劫匪,能把一年到头的积蓄偷走、抢走。我有很多次在火车上看到钱丢后号啕大哭的人。

"坐火车时,总是无法打发路上的寂寞与无聊,只好在心里不停地数站名,祈盼火车快点再快点。每经过一个停靠站,心里都好受一点,感觉离目的地近一点。喜欢火车进入隧道时的那种感觉,刚刚火车车厢外面充满亮光,忽然这些亮光突然消失,好像火车驶入黑暗世界,耳边只听见车轮与车轨摩擦的卡隆声。不一会儿,火车驶出隧道,外面的亮光骤然而至,忽然而过的山峰与村庄让人视觉一新。"

有些年份,他们干脆开摩托车回家。表姐夫刘光武就讲起了他有一年从浙江宁波骑摩托车回家的往事。

在同乡聚集的地方,往往会有人张罗集体包车回家过年。但如果人数很少的话,往往需要自己单独想办法回家。

"谁都知道骑摩托车是很辛苦的事情,没有人会否认坐车的温暖与舒适。"

他说,骑摩托车回家有很多理由。一是在老家拜年和走亲戚时非常实用,山路弯弯曲曲,一会儿上坡一会儿下坡,千回百转,骑摩托车省时省力。二是可以解决春运时买票难的问题,有车在手不怕到时候买不上票,想什么时候走就什么时候走,不受局限。

但那是一次孤独的旅程,他驾着一辆破旧的摩托车,满带着行李,过绍兴,穿杭州,经湖州,到南京,经合肥,过六安,进入河南境内,然后穿固始,经商城,行程近两千里,一路风尘。

据他的回忆,路上非常艰苦。路上,摩托车也坏了好几次,需要停靠在路边修理。即使戴着头盔,耳边的寒风仍呼呼作响,一会儿声如裂帛,一会儿丝丝鸣咽。

虽然有很厚的手套和棉大衣,但冰冷的天气里,"手和脚在几乎冻得不能动,但一想到回到家就可以看到老婆孩子,内心就充满了急迫和热情"。

他不辞劳苦,一切只有一个简单的目的,回家过年。和家人一起吃团圆饭,对他来说是一件难以抵挡的诱惑。也许,大年三十全家一起吃一顿饭,心里才觉得温暖。

过去,过年被称作是"年关"。现在,"有钱无钱,回家过年"是一种召唤,它让人们无论贫穷还是富裕,无论战乱还是和平,有条件都要从异乡回家。因为我们已经置身于一个流动的时代,流动意味着需要远走他乡,让人们无法与土地相守到老。

对那些远离了家乡的人来说,白天没有家乡的蓝天白云,晚上没有家乡的星空、月亮。只留下父母及妻儿在家乡守望,内心没有牵挂是不可能的。所以只要一到"过年",人们骨子里对家乡的那种心驰神往比平时更加强烈。

网上曾有一个段子,说春节回家成了一场底层社会比拼体力、精力的运动会。学生代表团和农民工代表团是赛场上的主要运动员。段子的调侃归调侃,对于孤身在外的农民工来说,离乡背井一年两载,春节还是要努力回家。

生活逼迫着一些事情朝着不受控制的方向发展,春节回家则是他们可以控制的事情。克服路上的千辛万苦,在春节回家,是很多人爱家庭的一种神圣方式。

出生证明

2013年5月,佛山罕见连绵暴雨,阴晦的天气总是让人不安。一位在南海打工多年的年轻老乡突然给我打电话。

这位老乡叫小全,和我沾亲带故,算是我的远方表侄,刚刚二十多岁,高中一毕业就和父母出门打工,四五年前进入佛山市南海区一个家具厂。在那里,他认识了一个叫玉的四川女孩。两个人在打工地相识并恋爱,虽然还没有领取结婚证,但是两个人已经如夫妻一样同居生活,女孩子更是未婚先孕。

他给我打电话就是让我帮忙,主要是想让我找找当地医院的熟人,看能不能找到一个医院让他的女朋友在没有准生证、结婚证的情况下,可以顺利接生,并能开出小孩子的双亲出生证明。我以前没有接触到这个问题,就打电话给几个当医生或者护士的朋友,一问吓一跳,办个出生证明怎么这么不容易呢?

一些医院,孕妇如果要进行生产,必须要携带身份证、结婚证、准生证和双方户口证明。现在的医院已经人性化很多,可以接受未婚妈妈入院和接生,但是宝宝出生以后,医院只能开单亲的出生证明,如果要开双亲的话,只能去做亲子鉴定,证实了才能开双亲出生证明。没有出生证明,所有派出所的户籍民警就会拒绝给孩子上户口。

小全和小玉一起专门跑到我家,说这事。

小玉说,她已经跑了几个医院,了解到双亲出生证不能顺利办,孩子还没有生就真是烦恼呀。如果办单亲的,孩子一辈子都是单亲,还得跟妈妈姓,想想真是气,现在烦得不得了,也不知道还有没有其他办法办双亲出生证,也不知道亲子鉴定需要花多少钱。

小玉听别人说,没有结婚证就没有准生证,到时孩子上户口要罚款,没有准生证,属于违法生育,医院可以拒绝给正式的出生证。按照道理,生孩子是一种法律事实,自然存在,不能抹掉,医院出具的病历等可以作为宝宝出生的证据,也可以拿着病历或者医院的收据直接去上户口。

但是,没有出生证明户籍警察就真的不给上户口。要上户口也可以,你必须要到父母户籍所在地的计生部门去开一个证明。学校也真的不给入学,要入学也可以,必须要缴纳社会抚养费。

一位湖北省赤壁的打工朋友告诉我,他当初办结婚证的时候没有领准生证,等小孩子生下来才回家去上了个户口,还被罚了款。现在小孩子要上学,学校不让入学,他只好到计生部门去缴纳了社会抚养费,交了罚款,孩子才有书读。

在国外,一般国家都没有户口本。出生证明是证明出生事实的唯一文件。在加拿大办事,很多时候就是用出生证明来证明一个人的身份。他们对户口本的法律效力,倒是不太放心的。

可是再憋屈,也不能找他们去大闹一场,因为不管在哪边办,总归还是要找他们盖章出证明。在小全和小玉合租的小屋子里,一群打工的工友聚集在一起,聊起这个话题都有自己的体会和看法。

"我老家当时也说过那样的话,说我在外这么多年,怎么知道我没生过小孩,后来找了熟人才开了个初婚未育证明,结果悲催的是,这边却说办不了,你说我又没违法,凭啥不给办?还是他们故意拖延,等着我办不成好罚款?"

"生一个孩子真的很不容易,现在要一堆一堆的证件。看人家办证件跑断腿很庆幸我们的孩子生得早。"一位同乡说:"不用理它,只要医院让生下来,开不开出生证明没有关系,等以后结了婚领了证在老家慢慢上户口。"

另一位工友不无忧心忡忡地说:"但是老家肯定会为难你。"

"怕啥,只要是钱能搞定的事情就不是难事。老家那些计生部门要吃、要喝、要发奖金,还不欢迎你回去办事啊。"

"现在出生证抓得紧,都找不到人帮忙补办一张,只有放弃入户了。已经跟小孩讲要做好回老家读高中的准备了,虽然这边的教学质量比不上家里,到时候有可能学习跟不上,但那也没有办法了。做父母的就只有这个能耐了,也尽力了,后面就只有靠她自己了。"

大家七嘴八舌。

小全愁眉不展,他托着腮帮说:"我想不通的是,不就是生个孩子吗,为什么还要这么为难人呢,这都是什么人制定的规定?和计划生育绑在一起一点逻辑都没有。"

确实很多事情都是没有逻辑的事情。医院在承担救死扶伤使命的同时,当然乐意承担大量的计划生育职能,上环、结扎、孕检、流产等常规检查或者手术会给医院带来巨大的经济利益,它没有理由拒绝。各地的医院怎会不和计生部门合作?

我心里默默地想,教育我的孩子,第一要教育他的就是,结婚时一定要先想好,不要搞个未婚先孕,否则,证明之类的文件是很难办的……

于是有所感。

在百度上搜索,在"出生证明"词条栏目下发现了一位网友的求助问题:

"为了保住现有的工作和肚子里的孩子,一个很照顾我的朋友和我办了结婚证,而且顺利地协助我办好了准生证,也是为了给宝将来上户口。但是,律师却告诉我,说是出生证明一定要写真实父亲的姓名,或者就不填写父亲名字。真的很担心,凭这个单亲出生证明和有假父亲姓名的准生证,上户口的时候会不会有难度啊?曾经咨询了户籍那里,说是只要准生证、出生证和户口本就可以办理新生儿入户。但是,还是担心这个出生证没有父亲名字,而准生证又有,该怎么办?愁都愁死了,宝爸也是想通过不提供任何资料,让我无法追究他的责任,想要逼我。我该怎么办?"

这个问题一挂上网,就引来一片疑问:

"为了保住现有的工作和肚子里的孩子——什么工作这么

苛刻,公务员?"

"未婚妈妈,你为什么要另找一位朋友假结婚?宝爸是有妇之夫,还是身居高位?你有什么难言之隐吗?"

一个出生证明的求助引来意想不到的猜想,不仅反映了中国人爱打探私人隐私的嗜好,更说明了有很多人都曾经或者正在为出生证明烦恼过或烦恼着。

做了一个梦,梦中有一条法律成为事实:

任何医院必须为在该医院出生的新生儿发放出生证明,不管这个新生儿是婚生还是非婚生,符合不符合计划生育,都不得附加任何条件。

故乡是埋骨之所

2014年春节临近,一位同学的母亲入院了。

这位同学2001年毕业后来佛山工作,很快结婚生子。由于夫妻俩工作繁忙,同学她产假之后无暇照看儿子,只好搬救兵。她的母亲被她请来照顾孩子。就这样,老人来到了佛山,不为养老,是为儿女再贡献力量。父母永远是儿女最放心、最省心的救兵。谁知,这一来佛山就是13年。她老人家带着外孙长大至3岁,然后儿子也来到佛山安家,有了孙女后又带孙女,直到生病住院。作为一个农村妇女,老人在先前的大集体时代,像个男人一样干农活;后来分田单干了,因为缺少劳动力,还是像男人一样干活;老了,又为儿女担负抚养孙辈的责任,一辈子都很吃苦。

2013年农历腊月二十八日早晨,医生叫同学他们准备后事,老人的所有器官都已经功能性坏死,抢救怕是无用。他们商量了一会,最后花了一万三千块钱租了一辆120车,想着让母亲回到故乡的老家安葬。

儿女都以为老人会在路上阒然长逝,随知她竟在路途中悠悠醒来。也许是故乡的气息越来越近,老人犹如被打了一剂强心针,离家乡愈近,精神愈好。这说明,无论在外地生活多久,心灵都永远地真正归属故乡。

由于 13 年在外,老家的家门一直紧锁,房子已经荒废不能住人。屋子里到处结了蛛网,家具上铺满了厚尘,很多用品已经腐朽,不能再派上用场。好在现在通信发达,他们下定决心后,先一个电话打回去,左邻右舍皆知,听说他们一家要回去,老老少少前来帮忙整理,打扫蛛网灰尘,清除庭院杂草,修复电线水路。

同学一行凌晨 7 点到家的时候,迎接他们的已经是整洁的庭院和窗明几净的家。桌椅板凳、筷碗瓢盆、床铺被褥,一切准备妥当。

由于这是 10 多年来他们家第一次回来故乡,前来探视的村邻、亲友也是络绎不绝。老人家回到家后,安全地度过了除夕夜,也快乐地度过了元宵节。由于器官功能完全衰竭,即便心情大好,也不能支撑长久。20 天过去后,同学她母亲终是闭眼,寿 66 岁。

同学和我是同乡。故乡仍然是土葬旧俗。同学虽然是大知识分子,但也是遵循习俗,请风水先生看墓穴选日子,穿孝衣孝布。出殡那日,子女亲戚一路哭哭啼啼,把亲人送往最后的归宿之地。埋葬的地方离村庄有十七八里路远,穿过一个乡走到另一个乡,只有泥泞的土公路。雪花纷飞,十六个村民抬棺,另有八个人搭手,深一脚浅一脚地行进,路上竟然摔了很多次跤。虽然温度已至零下,天寒地冻,但每个人都累得大汗淋漓,棉袄湿透,没有一句怨言。

村庄不是单一姓村落,张李苏朱陈,也仅十多家而已。幸好春节,到天南海北闯荡的人,大都千里迢迢赶回家乡过年,帮忙的人也好找,虽然是市场经济社会,虽然贫富有差别,但他们大都不缺吃穿、不缺钱,个个自动前来帮忙,全部是乡情。

"农村真是比城市朴实啊。"同学办完丧事归来,我们上门慰问,同学向我们叙说办丧事的过程时,一直感慨,一路感动,眼里有隐隐的泪花,为母亲,为乡情。

他乡再好,终是异客。故乡是忧伤,东奔西闯的结果其实大同小异,不过是最终长眠地下化为泥土。很多人到了老年,无论多远都要千里迢迢地跑回去,为自己寻找一块墓穴,其实是为自己的归宿寻找安心。为了什么?就是希望死后被埋葬在自己家乡那一片熟悉的地方。

普希金诗云:"无论命运把我们抛向何方,无论幸福把我们向何处指引,我们——还是我们,整个世界都是异乡。"

我的父亲

2007年元旦刚过,在离60岁生日还有两年的时候,父亲某天晚上突然中风。其实,父亲大脑血管破裂在夜半已经发生。那时候我工作繁忙,每天早出晚归,睡眠少而且负担重。对于我的工作、生存状况,母亲平时都看在心里。当父亲诉称头疼和身体无力后,母亲为了让我安心睡觉并没有声张,她不仅没有处理中风的经验,也无法减少父亲的苦痛。母亲一夜无眠,一直挨到第二天早晨才告诉我们。看到平时强壮的父亲像一摊软泥一样不能动弹,我来不及细想,马上打电话呼叫急救车,把父亲送到医院抢救。那是父亲第一次中风。

我36岁之前从未见父亲哭过。但是这一次我看到父亲哭了。他的眼神悲哀,眼泪和鼻涕一齐涌出。老实说,我也曾经在挫折面前暗暗留下泪水,但我不喜欢看到父亲哭。但是,父亲当着我们的面还是哭了。

我也不禁酸楚。要是以前,我肯定对父亲的脆弱感到不理解,父亲在儿女面前向来扮演刚强角色,怎能说哭就哭呢?但现在,我已步入中年,经历了无数的挫折和失败,体验了无数的人情世故和冷暖闲凉,对生命有了更多的理解和宽容。在疾病面前,我宁可相信他真的有理由哭泣。他能够哭出来,说明他心里装满了遗憾,对无可奈何的突变充满悲凉。要知道,他在第一次中风之前,只被我们强迫到医院检查过胃病,他在中风的前一天,还拒绝了我们到医院检查的建议,他从来都觉得自己身体好得很。

父亲出院以后,在我家又住了4个多月。虽然他已经能够拄着拐杖行走,但仍然离自由行走有很大距离。由于对城市人死后火化的做法一直不能接受,所以他自从中风以后,总是恐惧死亡,害怕不能落叶归根。清明将近,他执意要回乡下老家,希望能以家乡清新的空气和熟悉的环境治愈他的身体,恢复健康、自由的体魄。谁知,他一回到家乡,碰到乡邻问起,又不禁老泪纵横。想想也是,怀着巨大的喜悦到千里之外投奔儿子,出门是一个肩挑百斤担子的劳力,回来已是老态龙钟、行走不便的病人了。睹景思己,命运何尝公平?能不落泪吗?

2008年9月,父亲在老家再一次中风。消息传来,我又浮现出父亲用粗大手掌擦拭泪水的情景。我不由得在记忆里把旧事一件又一件地翻了出来。

20世纪70年代,我们的童年记忆几乎全是饥饿。父亲和母亲的劳作工分所换回来的粮食远远不能让我们吃饱。看到别人能够吃饱饭,我和弟弟充满了羡慕。能够吃饱饭,是我们当初努力学习的动力之一。虽然我们当时没有埋怨,但对父母付出的辛劳感受不深。现在感知到我们对待儿子的情感,才体会当时父母已经在尽他们最大的努力,已经呈现出最大的热爱。回想父母把剩下的饭菜分给我和弟弟吃的情景,我不禁热泪盈眶。

不是他们不想吃,而是尽力不让我们挨饿。

我师范学校毕业以后,被分配到离老家50多里路的乡镇教书。这是我第一次参加工作,对即将工作的乡镇一无所知,也不知如何到达。父亲听到这个乡镇的名字以后,告诉我他知道怎样去,并主动提出陪我一起去报到。那是1990年7月的一天,我们父子俩冒着酷暑,各骑一辆自行车向该乡镇进发。那时,连接乡镇之间的道路还是简易公路,不仅崎岖不平,而且坡长路陡,加上头顶烈日正盛,我们一路艰难前行,渴了在路旁水井取水,终于在天黑时分到达该乡镇。把介绍信送到工作单位以后,我们稍作休息,又马不停蹄往家里赶,一路走一路聊天,谁骑得快些就在前面等,那时丝毫不觉得累,我至今还记得一路上月朗星稀,两旁稻田飘香。

我教书的第一个学校又在该乡镇的偏远农村。在我工作一个多月以后,他和我的一位伯伯到我的学校看望我。他突然站在我的面前,瘦瘦的脸上满是汗水,轻轻地呼叫着我的小名。他不仅带来了母亲亲手腌制的咸菜,还亲手为我做了一个小方桌,那个小桌放在简陋的房间里也算是一个家具。那天,我在一个农民的简陋饭馆里炒了几个菜,并买了一瓶酒供他们喝。那时候我的工资刚好一百元,在农村所能买到的好酒也就2元左右。有了酒喝,他们忘了疲倦,脸上露出满足的笑容。

虽然父亲没有把父爱用言语表达出来,但他的行动却深深镂刻在我的心里,随着我的年岁增长不断浮现心头。如今,看到我剥的柚子被5岁多的儿子一点一点吃光,我又幸福地想,谁又能说父亲的血不曾流淌在我的身体里？

　　重阳节即将到来，我希望父亲能和我一起回忆起这些旧事，感受一个少年曾经的幸福时光，给他增添战胜疾病并重新站立起来的力量。

心态平和才是战胜疾病的良药

2009年,父母到郑州弟弟家住。

生病的父亲不在身边,惦念日益增长。

同事听到我休假探望父母后说,父母都老了,见面一次少一次啊。乘着孩子在暑假期间,我带着一家人再次到郑州看望父亲。

一句"我们来看你了"早已让父亲泪流满面。推开弟弟的家门,他坐在轮椅上,眼睛亮亮的,惊喜的眼泪幸福地在脸上流淌。

时隔一年再次看到父亲,我们都很高兴。可是父亲经历了短暂的激动后很快就平静下来。

那种平静让我感觉和原先臆想的重逢完全不同。

也许是因为他生病太久了。他第一次中风的时候,我的儿子才两岁多,现在都七岁多了。他被迫坐在轮椅上也有两年多了,用他自己的话来说,简直坐了两年活牢。久久不见站起来的希望,他身上的那些乐观、坚忍不见了,内心的悲哀与苍凉明显增加了。

父亲的面部肌肉严重退化,口齿表达越来越不清楚,导致与人沟通更加困难。和他进行交谈,我都觉得困难无比。他发音模糊不清,我猜不到,他摇头再发声,再猜不到,他会再摇头加大音量;如是者四五次,直至我猜出他的意思。我猜不出他表达的意思时,他头上青筋暴出,双眼圆睁,可以看出他一脸的沮丧和悲哀。但是我一旦猜出他表达的意思,他一脸兴奋,不停点头。

父亲的脾气日益见长。到郑州去之前,我对母亲说一直没感觉到他经常发怒,可我在郑州这几天却感觉父亲的脾气已经到了反复无常的程度。我见他经常坐在轮椅上一动不动或者发呆,就劝他像保尔·柯察金、海伦·凯勒那样写点东西,让自己忙起来有点精神寄托。不料,他居然发怒,用手指着我说些难听的语言,让我很难堪。这样的情形出现好几次。

父亲的生活自理能力也退化了。他的起居已经离不开母亲,除了吃饭外,洗澡、大小便、穿衣都需要母亲帮助。可他却对母亲颇多指责,说母亲有很多地方照顾不周。我劝他,母亲已经很不容易了,清洁、洗衣、买菜、做饭,哪一样都得亲力亲为,占据很多精力,你要懂得体谅。他听了我的话后陷入沉默。

第二天,午后的时光是那么缓慢安静。父亲开始睡午觉,我坐在他床头发愣。看到眼前黑瘦的父亲,我不禁想,假如我老了的时候,我儿子将来会以什么样的心情看待我的疾患?我甚至想,那时候我的儿子是否像我一样去试图理解他的父亲?

接下来几天,我都推着父亲在公园散步。公园里,蹒跚学步的幼儿与垂垂老去的老者相映成趣。世界上没有任何东西可以永恒,岁月无情地催人老去,可是却让新生儿努力成长。

离开郑州的时候,父亲只是挥了挥手,表情平静,不再像以往那样情绪激动。我们买不到直达广州的卧铺票,只好先买郑州到武昌的座票,然后计划转乘武广高铁。火车在黑夜中奔向远方,车轮与铁轨撞击的轰轰隆隆声让我难以入眠。我的愿望简简单单,希望父亲早点恢复健康,至少不要那么容易动怒。子女都在努力生活,为着生存起早贪黑。生活中不顺意的事情太多,不是抱怨和发怒都可以解决的,心态平和才是面对现实的良药,天天快乐才是大富大贵。

第二天中午,我给母亲打电话报平安。母亲对我说,父亲都问过好几次你们到了没有?我内心再一次感动,即使他有病在身,心思和牵挂仍然随着我们的离开而不断延伸。这是不是人类特有的一种自觉情感?这是不是可以延续的一种遗传情感?我不知道,可我从父亲的身上看到了那种情感。

真想让幸福和快乐悄悄飞到父亲的身旁,在快乐中抽出一根快乐的线,为他织上一件好运的衣裳,在幸福里磨一根幸福的针,为他缝上永远的吉祥。

母亲的心安

弟弟电话里告诉我母亲腰椎粉碎性骨折的消息后,我一阵阵心痛。经过一晚的不眠之后,第二天就飞扑郑州。

在父亲中风之后,母亲独立承担起伺候父亲的重任,不知不觉过去6年了。这6年间我们从来没有想过,一旦我母亲不能动了,伺候不了父亲了,两个失去互相照顾能力的老人该怎么办?母亲倒是事先有一种隐隐的担心,只是没有引起重视。终于这一天来了,母亲在拉扶父亲洗澡时,不慎摔倒在卫生间,导致腰椎骨折。

母亲虽然骨折,却非常坚强,一再反对我请假去照料,轻松地说事情不大,再说有弟弟照料很快就会好起来。弟弟也说,哥大老远地就不用来啦,这里有我呢。

我在没告知母亲的情况下赶赴郑州,妻子支持我这样做,亲手为我准备好行李。

推开病房的门,母亲露出惊讶的表情,随后笑逐颜开。这是我意料到的场面。事实证明我去郑州非常有必要。我和弟弟一个在病房照料母亲,一个在家里照顾父亲。在家里的,负责煮饭、洗衣、卫生,然后帮父亲倒尿、打水洗漱,接着到医院送饭菜。母亲住院期间,特别喜欢喝稀饭。我晚上在医院照料多一些,弟弟晚上在家里多一些，因为他的妻子、孩子晚上回家。我白天回弟弟家里多一些，弟弟在医院负责照料，我们在早晨交接。

我们虽然是男孩子，但也要在医院里为母亲端屎端尿。对我们来讲，这是没有办法的事情，也是不经常做的事情，但我们并无怨言。母亲说，她此生已经满足了，亲手抚养长大的孩子现在为她倒屎倒尿。说这话的时候，母亲的眼泪在眼角晶莹透亮。

而我，陪护在医院的每个夜晚都辗转反侧。母亲在灰暗灯光下一招一式、一针一线做布鞋的情景历历在目，一些往事如在眼前。

为了让我们安心读书并改善家境，母亲曾经在1988年远赴天津打工。那时候铁路没有提速，停靠站点特别多，绿皮车从信阳到天津需要25小时。一路上没有座位，靠着几个鸡蛋和馒头，母亲终于到达目的地。带着母亲去天津打工的人都是村邻，他们在天津郊区承包了土地后，返回老家雇来人手，帮他们播种、插秧、收割。那时候没有最低工资标准，也没有劳动法，所以这些包工头铿钱如命，极尽克扣，开出的工资极低。母亲在两个多月里起早贪黑，省吃俭用，最后只带回来100多元钱。

我和弟弟那时都在信阳读中专。母亲在信阳下了火车后，激动地告诉工友要去看儿子。她从火车站一路步行到信阳师范学校，找到我的宿舍。见到我们时，她一脸的轻松，在招待所住下后，就连忙把省吃俭用的100多元钱给了我们各50元，这足够我们两个月的生活费。

那时候还是计划时代，我们在食堂吃饭都用饭票，每个月固定33斤粮食。母亲对我们学校食堂的馒头赞不绝口,那种馒头4两一个,买时只需4两饭票。看到母亲爱吃,临走时我买了一大袋子让她带回去。

1994年冬天,一封从郑州发回老家农村的电报让母亲心急如焚。电报云,孩子病重,请父亲速来。这封电报是我们同村的邻居发出的,他在郑州打工,在建筑工地摔伤,由于他父亲和我父亲的名字只有一字之差,所以乡邮电所错送到我家。当时我在郑州读书,弟弟在河南医科大学工作。父母有理由相信这封电报是真的。所以,母亲着急地放下农活,赶到郑州。她先到我的学校,我去做家教了,不在宿舍,她被我的一位同乡带去先吃了一碗烩面,然后在我的宿舍静静等我回来。

等我回来问清情况,我母亲才大为心安,一路焦急的心情才缓解。这是母亲第二次独立出远门,母亲没有读完小学三年级,一个农村妇女经历了哪些艰辛,我们始终无法得知。

如今在病房里,我就和她一起聊这些往事。有些事情刚经历它的时候,是一种心情;经过多少年回忆它的时候,又是另一种心情。经历时是苦难,回忆时是幸福。

父亲的往事

父亲现住在郑州,我弟弟那里。

他第二次中风后已经不能行走,生活起居要我母亲照顾。母亲除了照顾父亲外,还要买菜、做饭、洗衣,琐碎的不得了。既然行动不便,很多时候很多事情就不能随己意。于是父亲很焦躁,有不顺意的地方就牢骚、叫骂,吵着要回到乡下老家,话语含混不清。可是回到乡下谁去照顾他?乡下的条件和城市差了十万八千里。种菜、做饭、饮水、洗衣、交通、通讯、看病、买药都是问题。通电话的时候,母亲总是唉声叹气,对这种状况一筹莫展,说过一天算一天。

我今年也四十岁了,人生算是过了一半。以前为了求学、工作不惜身体、不怕奔波,如今病痛多了,压力多了,与父亲在心灵上似乎多了共通。有时候在闲暇的时候,在孤独的时刻,脑海里不时浮现父亲的面容和他的胡须。

有一年,我和弟弟还在上小学,父亲骑着自行车驮着我们到五十里外的外婆家走亲戚。走到一个叫浒湾大桥的地方,突然噼里啪啦地下起大雨来。我们就到一个经销店躲雨。经销店里摆放了一些西红柿,颜色很鲜,让人垂涎不已。我和弟弟虽然从没有吃过西红柿,但看到旁边的人大口吃着,也不禁暗暗吞了几次口水。父亲可能是看在眼里,就掏出身上的钱买了一些。那是我和弟弟第一次吃西红柿。还记得父亲当时笑了。现在,当我的儿子吵着要买东西吃的时候,我总是想起这个场景。看着儿子津津有味地享受冰激凌或者汉堡包的时候,我的内心充满了欢乐。父亲那时是不是也内心充满了欢乐?

父亲的酒量一般,可他喝酒喝醉的时候不少。每次春节到外婆家拜年,他都要被我的几个舅舅或者表兄弟们劝得不得不拿起酒杯。我每次在他呕吐以后为他打扫污渍物时,都对他充满怨恨,发誓长大以后绝不能像他那样喝酒丢人。以后做客,我和弟弟都会提醒他不要喝酒,他也保证以后真的不喝了,他自己也经常说:"喝一辈子酒,丢一辈子丑。"可是这次以后他还是有喝醉的时候。后来我和他回忆起喝酒的往事时,他说一怕人劝酒,二怕别人先喝。二舅家盖房子那年,请他去帮忙。房子竣工上梁后的那天晚上,他在喝完酒后,居然拒绝留宿,坚决要回去。小舅说,姐夫一定会半途回来,因为天气冷,而且天又黑,路途太远靠步行比较难。可父亲硬是在黑夜中出发,从外婆所在的村子出发,穿过县城,一路走回我们村庄,然后躺在自家的床上。后来父亲回忆这件事时说,当晚还下起了小雪。

有一次,他到他的干女儿家做客也喝多了。我们家离我的干姐姐家仅两里路,可短短的两里路父亲却走了整整一夜。我们还以为他当晚住在了姐姐家,谁知第二天一同去做客的人告诉我们,父亲昨晚就回来了。那他昨晚到哪里去了?原来父亲走在半路上,酒劲发作,就躺在路边的干草堆睡了一觉,直到天亮,回到家却不好意思说。他的干女儿,我的干姐姐,两三岁时掉到池塘里,被我父亲发现并救起来。她家的人说,这个女儿就是你的,没有你连命都没了。认了干女儿后,从干女儿出嫁到生儿育女,每件事他都很重视要亲自走亲戚串门。拿老家的话来说,两家都很隆重。

我也不能喝酒,可是为了应酬有时候也醉醺醺地回到家。每次出门应酬,母亲不少叮嘱,老婆也不少唠叨。我从这种唠叨中听到一种幸福、一种无奈,不知道父亲当年是不是这种感觉?

无论我们居住多远,无论我们的独立人格形成多久,我们的生命总是和父母有千丝万缕的联系,从来没有分离过。

买票记

2012年冬天,大别山区冷得够狠,父亲经受了严峻的考验。这是他7年前中风以后第一次在农村乡下过冬天。12月中旬的时候,他就叫母亲给我打电话,问我的儿子什么时候放寒假。我就知道父亲想我们了。

在我长大成人的路上,父亲打我打得狠,我挨的棍棒远远比我的弟弟多。用算命先生的话说,两个人的命合不来。虽然父子两人关系不僵,但我为什么要到远离家乡两千公里的地方谋生?这用宿命来解释正好说得通,对我父亲而言,不是他远离我,就是我远离他。但父亲到了老年倒是经常挂念我。这也难怪,人到了老年,就特别盼望儿女在身边。

以前我总以为我的心很硬,不容易被感情左右,不曾想,我一接到这个电话,心就跨山越水,恨不得立刻奔赴到父亲的身边。哪怕一个人的心再怎么坚不可摧,也挡不住岁月的无坚不摧。

可是两地相隔这么远,哪能说回就回的。母亲说,你上有老,下有小;老要顾,小要顾,等小孩子放完寒假再回来看看吧。我同意了,就决定2013年一定回老家过春节,一定要和父母一起过春节。

归期既定，剩下的就是买车票了。

可在中国，春节前后买火车票却不是容易的事情。君不见，小小的火车票破碎了多少人的团圆梦！以前有人模拟写了一首《沁园春·买票》："中华大地，春节将到，有钱飞机，没钱站票。望车站内外，大包小包。中国上下，人海滔滔。晚睡早起，达旦通宵，欲与票贩试比高。须钞票，看人山人海，一票难找。车票如此难搞，引无数英雄竞折腰。惜秦皇汉武，见此遁逃；唐宗宋祖，更是没招！一代天骄，成吉思汗，只好骑马往回飙。俱往矣，数寒民疾苦，还是今朝。"

比我贫穷或比我离家远的，大有人在，车票难买，不等于买不到。好在今年可以网上订票了。电视一播出可以在网上订购火车票的新闻，我就记牢了，早早开始了网上订票的准备。

网上订票就要熟悉网上流程。我们搜索12306铁路客户服务中心，打开铁路客户服务中心网页，先进行中铁CA根证书安装，然后进行网上购票用户注册，注册成功后就开始点击购票预约。

虽然经历很多网购，但我们还是对订票成功与否不放心，在20天订购日来临前的每一天，我们都保证每天上12306网页一次，输入登录名，填写密码，点击查询……进行一次实战演练。

1月13日订了火车票。早晨一起床，我就打开电脑，进入抢票的界面。网页提示11点以后放票。我就跟老婆说，我今天哪里也不去就等着11点。老婆说，不用，定一个闹钟10点50分提醒就行了，该干吗就干吗去，不用守在电脑前。后来等到

11点,我和老婆就一人一台电脑,同时抢票。鼓捣了一个小时,硬是把票买到手。票买到后,我们一家的心就定了,剩下的就是等待回家的日子到来。

1月26日订了回程票。这回订票同样是一场秒杀大战。这次订票是老婆在电脑上操作。她在书房里,一会儿大叫"有票"、"有票",一会儿大叫"订了"、"订了",一会儿喊"钱交了"、"钱交了",声音里满是兴奋。

订完回程的票,我就不停地感叹:人生如旅途,却买不到回程票,一旦动身只能往前、往前,再也不能复返。假若时光倒流,我会选择"父母在,不远游"吗?

父母已成为老树

2013年冬天又翩然而至,我情不自禁地又担忧起父亲来。自从他首次中风以后,今年进入第8个年头。

冬天是老人挨日子的难关,大多数老人都是在一年中这个寒冷肃杀的季节离开人间。母亲曾说,去年父亲就奄奄一息,但可能是你们回来了,给他添了与老天爷斗争的精神力量,他就熬过来了。今年的冬天,他孱弱的身体,还能像去年一样逢凶化吉吗?

我决定回老家看望他,并打算给父母制造突然惊喜,想看到他们没有思想准备又惊又喜的场面,所以我在买好车票后故意没有告诉母亲。

临出发前几日,我却突然得了一场感冒,四肢酸痛,喉咙肿痛,半夜还麻冷,怕这身子骨送回去给父母看到,不是安慰父母而是给父母添堵。朋友看到我的犹豫,说:"父母是希望不给儿女添麻烦,但谁不希望经常看到你们啊。年龄大了,看一次少一次啊。不要陷入'子欲孝而亲不在'的悔恨境地啊。"

于是,我回家之心决然。

为了以健康形象示人,我急匆匆奔赴医院看病,验了血,果然是细菌感染导致感冒,背着药就上了火车。在火车的轰隆声中回忆与父母相处的点滴。

父母给了我们生命,让我们体会人间的冷暖,他们用尽一生的时间保护我们长大,却终究逃不脱岁月的风霜,如今他们的背影已变得蹒跚,不服老不行。

回家待了7天时间,期间没有走亲访友,只是和父母朝夕相处。母亲在伺候父亲的同时,还伺候了自家的田地,刚刚经历一个收获的季节:红薯上千斤,南瓜几百斤,花生油百斤,芝麻油十斤,菜地里一片绿油油,有白菜、青菜、莴苣、青蒜和萝卜。母亲说,要不是你们太远了,供应你们几家的蔬菜完全没有问题。父亲虽然坐轮椅,但每天很有规律,上午10点钟开始看电视,一直看到午饭时间,吃完午饭就休息;下午5点开始看动画片《小鲤鱼历险记》,一直看到新闻联播开始。中间如果是广告或者累了,就坐在轮椅上闭眼休息。电话里听说爷爷还在看《小鲤鱼历险记》,我的儿子就咯咯地笑,说爷爷变得越老越像小孩了,我转述给父亲听,他就咧着嘴笑。吃晚饭后,我和母亲一起看电视连续剧,一边看一边唠叨东家长西家短。

如今,陪伴父母是一件很奢侈的事情。有点时间可以陪伴父母的,往往经济上不宽裕;经济条件有些宽裕的,往往远离父母在外地打拼,又达不到与父母同住的实力。父母已经成为老树,从来都不想麻烦子女,虽然留守在千里之外的老家,但心理上还是和我们互相守望。

老人对待生命的态度比我们豁达。他们说,只要活过一甲子(60岁),就可以闭眼了。如果活着不是给后人造福而是添堵的话,一把老骨头活那么长有什么用。乡村的夜晚才是真正的黑夜,夜空中的星星格外明亮,一闪一闪,好像调皮孩子的眨眼,让人感觉宇宙的生机。

知道了我离乡的行程,母亲又在忙活让我捎带一些东西回家。这趟回家几乎成了搬运工,回老家带回的东西如下:

大青萝卜2个,大小红薯6个,花生米2斤,糍粑10斤,荠菜2斤,韭菜2斤,板栗4斤,芝麻油2斤,家养鸡蛋30个,花生油10斤,熟花生5斤,生花生5斤,咸菜5斤。

母亲说,城里的食品不安全,不如家里种的让人放心。鸡蛋是自己养的鸡下的,平时都是吃稻谷、吃虫子;芝麻油、花生油都是自家种出来的,没有打过农药;南方的萝卜含水太多,没有味道,一样带一点,让你们念着家乡。包里还有一袋咸菜,这是我在看望岳父母时,他们让带上的,是因为老婆念叨想吃腌咸菜了,我不愿意带,老人一再说南方水热,腌制的咸菜不好吃。

我背着大包小包一路南行,一路都闻到酸菜味。虽然几个包很沉很重,但因为父母已经把对儿孙的爱意全部放进,所以我还是克服困难带回了小家。抵达终点,我逐一检查,鸡蛋只破了一个,妈妈为了安全,用稻草把鸡蛋捆好,四周用棉絮填充作保护层、减震带,目的是完好无损地带回家给孙子、儿媳吃。

鸡蛋一拿回来,孩子就问能不能孵出小鸡。我肯定地作出回答后,孩子就兴致勃勃地开始孵小鸡的尝试。坐沙发上,他把两个鸡蛋放在怀里,贴着肉;睡在床上,他把鸡蛋带进被窝。白天是晴朗的天气,太阳光很暖很热,他就把鸡蛋放在阳光下暴晒。一不小心,睡觉中把鸡蛋压破一只,很是可惜。

  我把这件事告诉母亲,母亲哈哈大笑,为能把农家鸡蛋带给了孙子而欣慰不已。

一个农村母亲的世界

中了风的父亲除了瘫痪,身体没有其他毛病,唯有控制情绪并保持良好精神状态才能活得长久。但他一直恐惧不能归土安葬。母亲带着父亲再次回了老家后,照顾一个瘫痪病人的重任就落在同样年迈的她身上,不仅如此她还要种菜、种地并料理家务,忙碌的母亲孤单无靠。尽管我在春节或者孩子暑假时有回去看望、团聚,但我内心总是有一种歉疚。我们之间平时的联系只好靠电话了。

2013年10月13日。我听一个健康专家说,现代人生活条件好了,如果每个月"绝食"一天有益于健康。这种做法古代就有,那时叫做"辟谷"。虽然对效果存有疑问,我还是准备尝试一次。晚上,母亲在电话里听出我说话有气无力,似乎不正常,忙问原因。我告诉她原委。母亲在电话里惊诧起来,我也听见父亲在旁边嘟哝,声音浑浊听不清楚。显而易见,父亲对我的做法不以为然。他能发出评论,表明精神尚可。

2013年10月20日。母亲告诉我父亲近期精神状态大好,饭量大增,喜欢吃肉,还饿得快,饭时不到就催饭。母亲还告诉我,二姨夫今天来看望他们,你父亲很高兴,一边听着二姨夫说,一边笑到流口水。她上街买了四十五块钱的肉,还煮了二姨夫带来的一只鸡,没有想到都吃完了。母亲还对我说,不用挂念他们老家伙,你是顶梁柱之人,小孩子是家庭的希望,你们一家人都要注意健康。和母亲通完话后,我抬头发现,窗外阳光遍地。

2013年10月26日。晚上打电话给母亲时,母亲刚播完油菜子回来,还没有吃晚饭。今年的红薯卖不动,只好把卖不完的红薯忙着放进地窖,趁着这几日天气好,赶紧种上油菜。回家晚了,还没有顾上煮饭吃。这一周,父亲的胃口还是一样好。我叫母亲把手机放在父亲的耳边,说想听听他的声音。没有想到,父亲喊我的小名如此清晰。我大声说:"你想我和你孙子了吗?我也想你了。只不过路途太远,而且不太宽裕,还有三个月就过年了,我们回来和你一起过年。"父亲在那边流泪了,问我能不能调回信阳或者新县?我沉默,当初我费了九牛二虎之力逃离家乡,在外地组家立户后已是落地生根。我无奈地对接过电话的母亲说,没有关系调不回去啊。我听见电话里母亲说:"现在辞职回家谁来养家啊。老要顾小也要顾,水往下流才是道理啊。"既是对我说,又是对父亲说。让我不要太把精力放在父亲的病上,也让父亲增加对血脉传承的理解。

2013年11月3日。母亲说,你"大"(土话,父亲)还是不错的,不流口水了,精神状态也好,吃东西也格外能吃,身体和以前相比好多了。前天小姨他们来看望,还用车接他到县城走了一趟亲戚。六只小鸡长大了,也开始生蛋,这样就有九只鸡生蛋了。吃不完,你"大"同意拿到市场上卖,用卖蛋的钱换些其他东西回来吃,换口味。这种鸡蛋卖到一块二(角)一个,一个可以换两个品种蛋。母亲说,你别担心我们的身体,我们都是要归土的人了,关系不大。你们还是操好自己的心,把自己的身体负责好,有了好身体就有一切。你们过得不怎样,我们活着的罪过就大了。

2013年11月16日。母亲问,一小家人都在家吗?我说是。母亲说,你"大"的精神好得很,这几天都是晴天,日头暖和得很,一到早上就把你"大"搬到院子里晒太阳。今天中午趁暖和还给你"大"洗了一个澡,还洗了头,全身的衣服都换了一遍。换上了新絮裤,他要穿去年你们带回的衣服。我问她,你一个人弄得动吗?妈妈说,弄不动也得弄啊,你们又不在家。这时候电话里有我爸含糊不清的叫喊声传来,妈妈说,你"大"喊我了。说完,挂电话了。

2013年11月22日。老人的身体健康总是让人牵挂。我总感觉,我四十好几的人了,还没学会怎么和父母相处、相爱。也许,待在父母眼前,有一搭没一搭地说说话,他们就很高兴。听说我们今天只吃两顿饭,母亲说,你的娃是正长身体、正长个子的时候,吃两顿怎么行。母亲又说,最近我买了七斤猪油,八块钱一斤,你"大"天天晚上尿床,我只好天天晚上炒一碗油干饭给他吃,他特别爱吃。他最近特别能吃,上顿等不到下顿,背上涨了不少肉。最近闲生一点,你"大"天天让我赶集去给他买东西吃,喜欢吃油条、鸡蛋,一天吃三个鸡蛋,有时候还吃四个,鸡蛋有营养。我告诉她,已经买了票准备回家一趟看望他们。母亲却阻止我说:"不是十里路、八里路,跑一趟不容易。不是百儿八十,平时节约的牙齿上锈,钱都花在路上了,下星期的票能退就退掉。留了一篓花生油,十斤花生,等你们回来拿。过年回不回来,还要和你老婆商量一下,不能个人意见第一。如果距离短的话,你'大'巴不得你们两个星期回一趟,给他刮胡子。说是说,谁个不想?"

2014年4月19日。"刚回来吗?你的病好点没有?你的病要好好整整,老是这样不是办法。上有老下有小的人,任务重。你们三个人都好吗?把你的儿子看紧啊,不能太大意了。你的儿子还小得很,这段时间光落雨,很冷,你'大'的身体差一些,经常烤火。"我问母亲:你猜猜,我们这里卖的香椿多少钱一斤?母亲可能在电话那边摇头,我告诉她,三十八块钱一斤。母亲听了很吃惊:"我的天啊,我们这里太便宜了,才三、四块钱一斤,还卖不动。我也晒干了一些,等你们回来炒着吃。"母亲接着说:"我也在考虑的,什么时候计划生育放开了,你们两口子还是再生一个。你的儿一个人太孤单,以后可怜,面对那么多老人怎么办?"我说,刚放开单独二胎,可能会普遍放开生二胎,那时候再考虑生一个。我听到母亲在电话那头叹口气说,再等几年就晚了。

2014年4月26日。"昨天打电话的是你们啊?现在你们三个人都在家吗?你们三个人都好吧?你'大'怪好的。"母亲在说话的时候,我听见旁边父亲咿呀的声音,我听到好像是含糊的"五一、五一"。我恍然大悟,说是不是我"大"问我们五一放假不放假。妈妈在电话里说,五一放假也没有办法啊,不就是三天假嘛,这么远远的,难道要跑回来看你,小家庭就不顾了。这好像是对父亲说的话。我说,这说明我"大"想我们了。妈妈接着说,想也没有办法,难道跑着玩。假期你们休息一下,把小家庭搞好,把孩子养好,就是我最大的幸福。我又听到父亲的浑浊发音,这回没有听明白。我妈翻译说,你"大"问你的病好没有?

父亲自己处在于病魔作斗争的挣扎和痛苦中,还在牵挂我身体的不适。说明即使在病中,父亲心灵深处最闪亮的本质也依然无损。我刹那间感动起来,同时也迷糊起来,什么时候告诉他我生病的事情来?妈妈提醒说,你回来那一段时间不是胃不好吗?你回去有没有治,你"大"一直记挂着。父亲丧失语言能力以前,我总以为时间足够长,足够我去探知他的青春和历史。但是,我的自以为是却等来了父亲的咿咿呀呀、含混不清,以至于我至今非常懊悔。

2014年5月1日。"你们吃完饭了吗?今天在家啊。你们放假了,好好带小孩出去玩吧。也窝在家啊,你们过个日子也窝囊。哦,广东在下雨。你们好好把儿子养好,然后把自个的身体注意好,身体可是大事。就这吧。"我母亲继续说,"我们这里落了二十几天雨,日子就是慢慢过。我们是年纪大了,你们不能敷衍啊,日子还长着呢。那就是这。我总是在考虑,我这多年是在服侍你'大',如果是服侍一个小孩,这个小孩都快成为大人了,中用了。我还想你们再来一个。唉,你们那里不比农村。算了,说些没有用的话。你'大'怪好的,老样子,是猫一天狗一天的,这一段时间笑呵呵的。七八年了,他自己难受我也难受。我的日子也够难过,我的日子早就过够了,没有法,算了。"母亲电话中还提醒我,不能让孩子一个人出去玩啊,外面向小孩子下手的人多,安全要注意啊。

2014年6月8日。今天是母亲的农历生日,我给她打电话,谁知她的电话一直占线,我等了二十多分钟才打进。我问她:"你的电话打了好长时间,是打给谁啊。"这二十多分钟是我弟弟在给她打电话,弟弟的女儿岩岩告诉她,他们家买了一个大钢琴。我问她生日怎么过。母亲说:"赶集去晚了,连肉都没有了,连豆腐都没有了。只买回来两个茄子。"我的儿子这时候也跑到我的电话旁,"喂、喂,你说什么呀!"母亲马上振奋起来,"喂,我的乖孙子,你跟奶奶打电话吗?今天有没有出去玩啊?"儿子告诉她:"刚才去游泳了,吃了饭才去。"母亲又问他:"你吃饭像不像个男子汉?往年的时候,像你这么大的孩子都特别能吃。"我埋怨她,给你的钱不用干什么!自己过生日连个肉都没有吃着。母亲回忆起:"在你那里过第一个生日,我们是在饭馆里吃的。一点不用动手。说来说去,你们不在身边,我也懒得弄了。不想做了,不想动了。现在也不求什么了,搞那么复杂没有意义了。"接着又说:"你们要把孩子照顾好,把自己的身体照顾好。我就省心了。屋里的菜都吃不过来,还需要买什么菜,吃几个鸡蛋就够了。你们给的钱有。今年你大姐的安定(我的外甥名字)结婚,你们做舅舅的回不来,我又去不了,只送了礼。他们去了。"妈妈最后说,谢谢你们的关心。我说,我们之间还要这么客气说谢谢啊?妈妈说,不是自己的后人,谁来打电话?这话让我非常震撼。

2014年6月14日。母亲的第一句话是:"吃晚饭没有?怪好的吗?"我告诉她,吃过了,不过这几天的天气很热。母亲不相信,说:"我天天看天气预报,这几天广州都有雨,怎么还热呢。"我问她,我"大"怎么样?母亲说:"好得很,今晚吃饭有点晚,我栽红薯去了,回来晚了。"我告诉她,我在花盆里也栽了几棵红薯苗。目的是让儿子知道,有些植物没有根也能长出苗来。妈妈说,你们要把孩子养好,我答应"好"。妈妈接着唠叨说:"城市的孩子比农村的孩子可怜。农村的孩子比城市的孩子自由自在,放学后没有兴趣班、没有人逼着做作业。不过,在城市不学点真本事,比农村人可怜。回到农村,还有一点田地可以养活自己。在城市,眼睛一睁开,物业管理费、燃气费、水电费都要交,没有工作养活不了自己。"我叫她不要太忙,你们在老家是养老,又不指望靠做农活养活自己,万一把身体累坏了反而麻烦了。母亲说:"把红薯栽完了,就好了。鸡还在生蛋。这几天,黄鼠狼又偷走一只鸡,真是可惜了,自己都舍不得吃。听说有几只狗也吃鸡,也没有看见。"

每次的通话时间都不太短,东拉西扯的,无非是彼此报个平安,通报彼此的生活信息。当然,有时候我们也在电话里开开玩笑,讲些我们过日子的"丑事"和"傻事"。有几次,我的儿子在旁边听了我和他奶奶之间的玩笑话被逗得哈哈大笑,但他并不理解大人之间彼此的心意。让乐观从电话这头传递到那端,让彼此都能保持对生活的乐观、坚韧,这也是一种相互支持的温暖。所以,每次通话完,我会向我的儿子微笑,然后热情地投入到生活中。

我和母亲通完电话,故乡的气息总是萦绕。父母亲回到老家后,我们只能天南地北,各自生活。虽然我们每周打一次电话,但仅仅几句慰藉的话是不够的,只能让老人知道我们在惦记他们。我们身在他乡,希望靠汗水和奋斗改善生活,却总是被现实制造了太多的问题。母亲的电话给予了我们一些宽慰,也教给我们一种积极的人生态度,他们不怕孤独和苦难,反而总是叫我们过日子不要敷衍,要认真,即使面对衰老、死亡,心态也远远比我们豁达。我常常想,如果我们活到那般年纪,不知变得怎样?

这不是精英史（代后记）

"我们已经回不去了，城市已经改变和毁坏了我们，我们在城市中变成了精神病者、持证者、娼妓、幽闭症病人、杀人狂、窥视狂、惜恋金钱者、自恋的人和在路上的人，我们进入城市就是回不去故乡。"

邱华栋小说《闯入者》中人物如是说。

真实的城市生活中，现代生活所具有的紧张感与压迫感，给千千万万人带来欲望、愤怒、欢乐、忧愁、疲倦、麻木……总是让那些出生在农村、奋斗在城市的人在心灵深处怀念家乡。

正像一首歌所唱："你在我的心里永远是故乡，你总为我独自守候沉默等待，在异乡的路上每一个寒冷的夜晚，这思念它如刀让我伤痛……"

自从离开家乡，我都有一个心愿，总想写一点有价值的东西，以表达我对家乡的一点问候和歉意。我动笔以后才发现，由于自己的懒惰和才学疏浅，这项工作并不容易进行，拖拖拉拉、断断续续写了十几年，初稿（不论好歹）现在终于拿出来了。

我的记忆里，农村生活有它本身的诗意，它不仅仅是我的内心精神家园。在讲究效率的城市社会里，我们的生活中缺失的，恰恰是农村生活中的悠闲与清静。改革开放以前,村民们的生活方式是传统的生活方式,安稳、自然,与周围的环境和谐统一。我所熟悉的村邻们现在大多数已过耳顺之年。我在回乡时和他们闲聊,他们的言语间却没有这个年纪的人应该有的豁朗、平和,多的是感慨、迷茫。

他们的形象至今仍在我的眼前跳动。世道沧桑写在他们的脸上,那种感慨、迷茫反映出他们无所适从的处境。农村社会曾有的重大的、光辉灿烂的善和美,道德和风习,真的无可挽回地沦落了、葬送了、消失了。时代变迁中,农村社会要变成什么样子,谁也说不清道不明。

20世纪30年代曾经在山东省邹平搞乡村建设的梁漱溟,曾经指出:"旧的生活秩序之逐渐摧毁,新的风气、新的变化非常猛骤,农民们跟着变、跟着跑是不愿的,可亦无力否认拒斥。"到了21世纪,中国农民依然还是只能被动地调适着变化,被传统生活方式所培养出来的观念面临着各种考验。

在变化莫测的大时代里,他们真的无法主宰自己的命运,他们几乎悄无声息地承受一切,像大地到处可见的小草一样。在政治生活中,他们无权表达和参与;在财富分配上,他们不因劳动和能力的原因却贫富悬殊;在教育公平上,农村与城市的孩子一出生就注定相差万里;在工作竞争上,有关系有背景的孩子在起点就占尽优势;在社会地位上,有钱财有势力的人拥有无数特权。说他们贡献最大、落差最大、最能忍耐、最能体谅,一点也不为过。对于我们的国家和民族,他们真如希腊神话里的普罗米修斯一般高贵。

我要回忆我的家乡、村庄和人，通过我的笔来反映国家、社会与个人之间的互动关系，反映在历史和教科书上无名的农民们被时代裹挟下的被动与调适。因为，不能掌握自己命运的农民，与强势的社会精英同样是构成历史的组成部分。我希望我的记录能留住我的记忆和思考，不为其他，只为还愿。

一切都会在时间的流逝中慢慢消失，回忆难免残缺不全。当熟悉的东西被毁掉后才发现情感的伤害很难补救。作为我，只有尽力从人生经历中尽可能抢救出具有价值的记忆。

社会的转型，只有长路，并无捷径。写完这些，我仍然不知道，农民的命运究竟将如何。不光他们，即使我们，也无法看到国家的未来，更无法左右自己的命运。

南方朔曾说："现在写文章是自己为了向自己交代，向良心交代。写出来，能发挥一点作用，就很高兴了，不要做梦，没有很大作用。"

这个小东西，我本意也是自己写给自己看，自己讲给自己听。

某次回到家乡的某天，我再次爬上老屋后面的山峰。站在山顶上朝远方看，山外依然是连绵起伏的群山，一眼望不到边的群山。我又恍惚是昨日的一个少年，眼光还是投向了更远处的天空。

感谢河南大学出版社的编辑，她们有着家乡人的热情与善意，愿意用心花时间来精心雕琢，给了我很大勇气，决心让这样一本很粗糙的东西出版面世，经受读者们的评判。